# 転換日本

## 地域創成の展望

Japan's Turning Point:
How Regional Development is Transforming the Nation

月尾嘉男
TSUKIO Yoshio

東京大学出版会

Japan's Turning Point:
How Regional Development is Transforming the Nation
Yoshio TSUKIO
University of Tokyo Press, 2017
ISBN978-4-13-053026-2

# まえがき

江戸時代には日本各地で多種多彩な作物が生産されていた。全国で、水稲は約二一二〇種、豆類は約一三七〇種、ダイコンは約二八〇種、キュウリは約一七〇種という状態であった。当時は二七〇藩程度が全国を分権統治し、相互の交易も制約されていたことも影響しているが、作物は気候や土壌に依存する産物であるから、多種多彩が本来の状態である。これは言葉についても同様で、分類の精度次第であるが、最小でも数十種の方言が列島全体で使用されていた。

しかし、現在、コメの品種は三〇〇種程度が存在するものの、上位一〇種の作付面積が日本全体の約七五%になり、有名ブランドのコメが全国を席巻している。言葉についても、明治政府が標準とする言葉を選定し、初等教育で全国に浸透させ、一九二〇年代中頃に登場したラジオ放送に要請された重要な使命も標準語の普及であった。このようにして、元来は多様な文化が並存していた日本は、一〇〇年程度の短期で一様な文化が浸透する社会に転換した。

これは同一の製品を生産し流通させる工業社会の発展には重要な要件であったが、明治維新から百数十年が経過して、情報社会に転換しはじめた時代には弱点になった。すでに発表された学術論文や芸術作品と類似の内容には価値がないように、情報の本質は相互に相違することに存在するからである。この転換に日本が出遅れていることは、三〇年前には時価評価総額で上位を独占していた日本の二次産業の企業が現在では衰退し、アメリカの新興の情報企業が上位を独占していることが証明している。

本書の主題である地域創生についても必要な転換が進展していない。江戸時代のように地域が独自の行政、産業、教育を推進することが必要である時期にもかかわらず、現状は中央政府が枠組を設定した範囲で地域が工夫して応募し、中央政府が選定した事業に中央政府が補助をする仕組であり、それを象徴しているのが加計学園問題である。岩盤規制の突破を目指す構造改革というが、その岩盤規制を設定したのは中央政府なのである。

本書の契機となったのは、旧自治省が一九八三年に創設し、現総務省に継承されている「ふるさとづくり大賞」の選定に関係したことである。地域で独自の活動をしている個人や団体を対象に表彰する制度で、毎年、百数十件の自薦他薦の応募案件から優秀な事例を選定する制度で、これまで一〇〇〇件以上が表彰されてきた。内容は千差万別であるものの、既存の制度に拘束されることなく、地域のために情熱を傾注している人々の事例には感動するものが多数存在する。

そのような事例を多数の人々に紹介したいと、月刊新聞『モルゲン』（遊行社）に連載した拙文を基礎に執筆したのが本書である。拙文とはいえ既存の文章があるので、短期で仕上がると楽観していたが、最新の状況を反映させたり、事例を追加したりしたため、意外に時間がかかってしまった。それでもようやく一冊に仕上がったのは東京大学出版会の丹内利香さんの忍耐と叱咤激励の賜物であり、ここに深謝する次第である。

平成二九年初冬

月尾嘉男

転換日本——地域創成の展望　目次

# 序章　明治維新一五〇年の否定から出発する未来

## 江戸時代の否定により実現した明治維新

二〇一八年は明治維新一五〇年になる。江戸幕府の治世は細部にはさまざまな問題があるにしても、それ以前の戦国時代と比較すれば、平安な時代を約二六〇年間維持し、独自の高度な文化を育成してきた。その様子は鎖国が崩壊しはじめた江戸末期から時代が一新した明治初期にかけて、日本を訪問する機会のあった外国の人々の日記、手紙、手記などに豊富に記録されている。ここでは事例を省略するが、渡辺京二の名著『逝きし世の面影』（一九九八）などに克明に紹介されている。

一八六七年一一月九日（以下新暦）に第一五代将軍徳川慶喜が大政奉還により政権を明治天皇に返上し、翌年一月三日の王政復古の宣言により天皇を主体とする明治政府が成立した。維新政府は改元詔書により同年一月二五日を明治元年一月一日とし、明治時代が出発した。しかし、その二日後に勃発した鳥羽伏見の戦闘から、さらに会津戦争、北越戦争、上野戦争、箱館戦争など戊辰戦争と総称される新旧勢力の内戦が続発し、それに勝利することが明治政府の当面の最大の仕事であった。

一八六九年六月二七日に箱館戦争が終結したことにより、国内の交戦団体が消滅し、明治政府は国際社会で日本を統治する政府と認知され、近代国家を構築する改革を開始する。最初の重要な改革は廃藩置県といわれる国家の体制の変更である。江戸時代は幕府が全体を統治するものの、二七〇余藩が地域を独自に管理していたが、同年七月二五日に各藩の領地（版図）と領民（戸籍）を天皇に返還する版籍奉還が実現し、諸藩を当初は三府三〇二県、やがて三府七二県に再編する廃藩置県が実行された。

経済の基本である通貨も江戸時代は各藩が独自に発行した藩札が通用していたが、一八七一年六月二七日に新貨条例を制定し、「圓」を単位とする通貨に統一することになった。教育についても各藩が藩校などで独自に実施していたが、同年九月二日の太政官布告により文部省が設置され、全国一律の教育を実施する体制が整備された。また言葉を日本全体で統一すべく、各地で使用されていた方言を標準語に変更することも学校教育の使命であった。

江戸時代には社会の経済基盤である産業は農業が中心であったが、明治時代になって「殖産興業」の掛声とともに工業を中心とする活動を推進する方向に転換した。そのために国家が官営富岡製糸場（一八七二）や官営八幡製鐵所（一九〇一）などを創設し、それらを民間に売却することによって工業社会を構築してきた。さらに鹿鳴館が象徴するように、日常生活については「文明開化」を標榜して、洋髪、洋服、洋食、洋楽など西洋文化も政府が先頭で導入してきた。

## 日本を大国にすることに成功した政策

ここまで簡略に紹介してきた明治政府の政策に共通する特徴は、江戸時代には地域ごとに多様であった行政、教育、言語、産業、文化などを一様もしくは画一にすることと要約できる。これは日本を工業国家として発展させるためには有効な政策であった。農業はコメを例外として、地域の気候や土壌に適合した作物を栽培し、流通が制約されていた時代には地域内部で消費する産業であった。したがって地域ごとに相違する産品が生産・流通し、全体として多様な社会を実現していた。

工業も手工業的な時代には農業と同様に地域ごとに特徴ある物産が生産されていたが、近代工業になると、特定の場所で同一の製品を大量に生産し、それらを広範に流通させることが発展の基礎となる。そのような工業社会を目指した近代国家日本にとって、全国が一律の制度で統治され、そこに生活する国民が一様な様式で生活するという状況は、大量生産された製品が大量に消費される工業にとって格好の条件を具備していたということになる。

日本が工業社会として成功してきた軌跡を証明する統計がある。二〇一〇年に逝去したイギリスの経済学者アンガス・マディソン名誉教授が過去二〇〇〇年間の世界各国の経済成長を調査した「マディソ

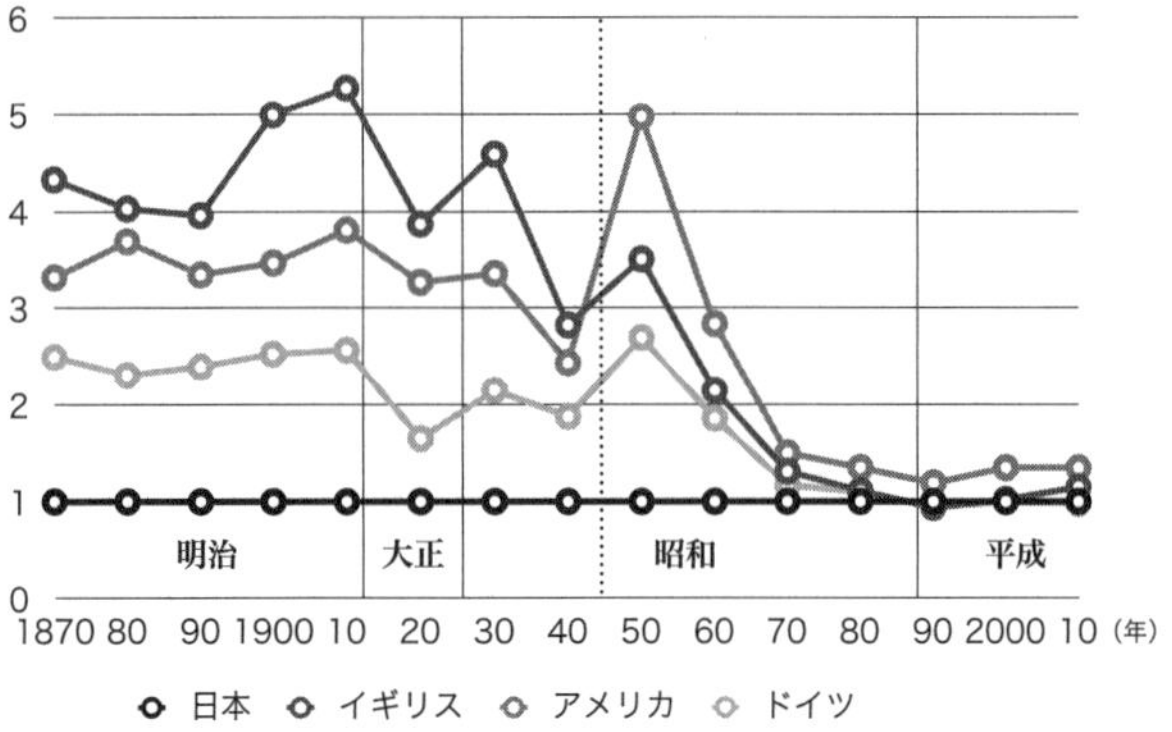


**図0・1**　一人あたり国内総生産（日本＝1）
出典：Maddison Project より作成

ン・プロジェクト」である。この統計を利用して、明治時代以後の日本の一人あたり国内総生産を基準として、日本が目標としたイギリス、アメリカ、ドイツが何倍であったかの数字を比較してみると、日本の劇的な成功が明瞭になる（図0・1）。

明治時代にはイギリスの一人あたり国内総生産は日本の四倍から五倍、アメリカが三・五倍、ドイツが二・五倍と大差であったが、第二次世界大戦直前の一九四〇年代には、それぞれ三倍、二・五倍、二倍まで格差が縮小する。敗戦によって一時は明治時代と同等程度の大差になるが、それ以後は急速に肉薄し、八〇年代には先進諸国に遜色のない一人あたり国内総生産に到達する。バブル経済といわれた時期のことである。

その戦後の成功を個別に証明する統計もある。各国の粗鋼生産量を比較すると、日本は一九六五年頃にドイツを追抜き、七〇年代後半にはアメリカをも凌駕する。まだ「鉄は国家なり」という言葉が有効だった時代であり、これは偉業であっ

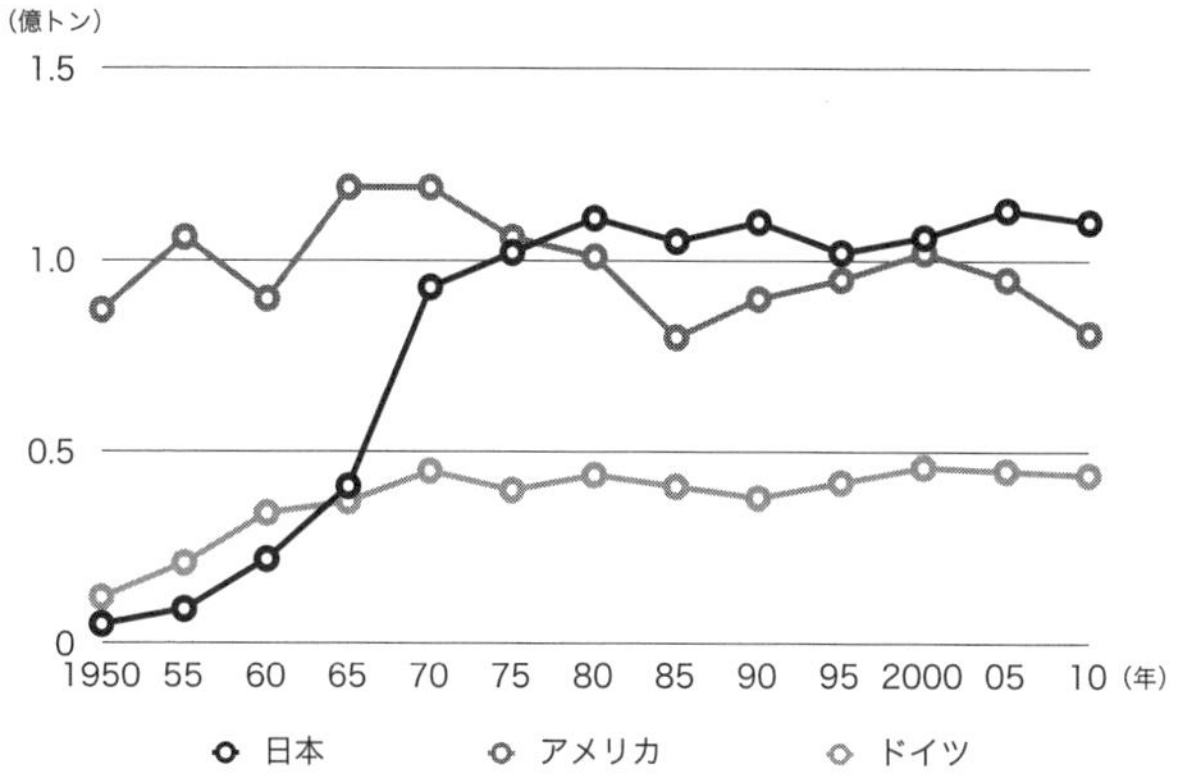


**図0・2　粗鋼生産量**
出典：日本鉄鋼連盟「鉄鋼統計要覧」より作成

た（図0・2）。同様に自動車生産台数でも六〇年代後半にドイツ、七〇年代後半にアメリカを逆転し（図0・3）、工作機械生産額でも八〇年代前半に一気に世界最大の生産国になっている。まさに明治時代の殖産興業という目標の頂点に到達したのである。

ところが振返ってみると、この一九八〇年代が日本の頂点であった。九〇年代初頭にバブル経済崩壊といわれる破局が到来し、九〇年には三万九二〇〇円であった日経平均株価は九二年には一万七〇〇〇円と半分以下になり、以後、回復しないままである（図0・4）。国内総生産の増加も八〇年から九二年までは年率平均五・九％であったが、そこからリーマンショック前年の二〇〇七年までは年率平均〇・三％となり、現在も回復しないままである（図0・5）。

第一の原因は明治時代以後、日本が西欧の先進諸国を猛追して逆転したのと同様の現象が発生していることである。一九七〇年代にアメリカを逆転して世界の首位になった粗

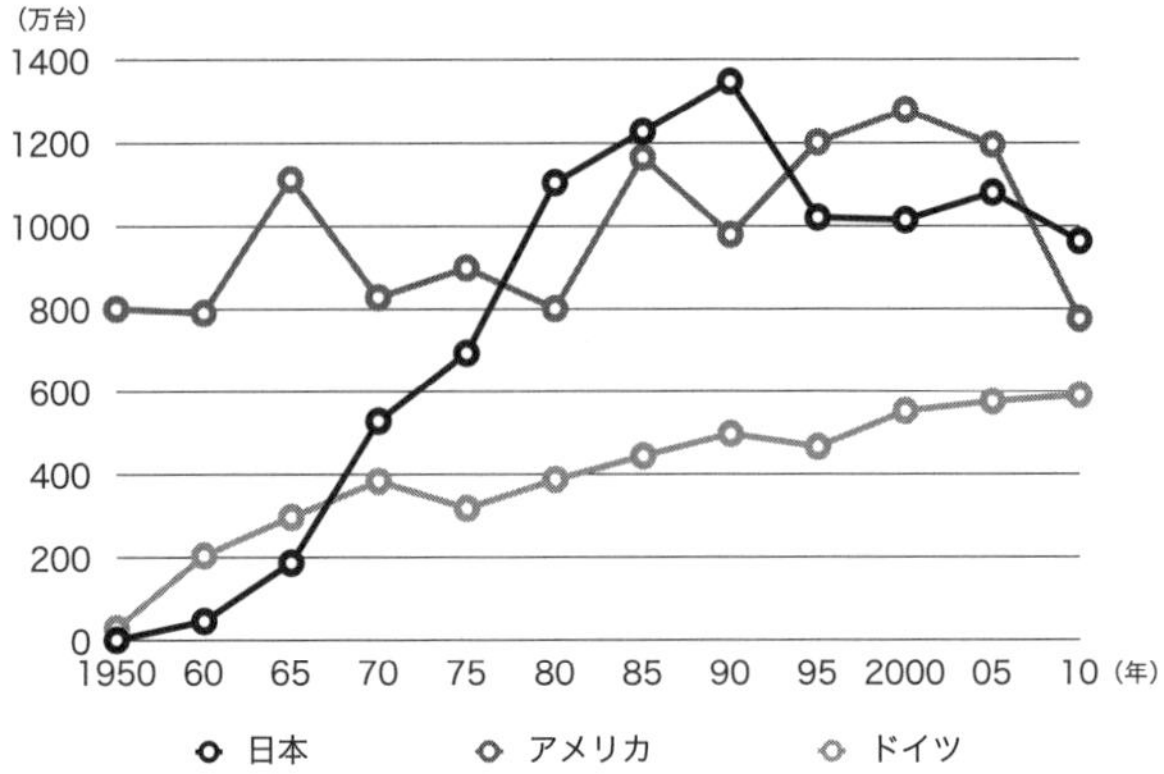


**図0・3　自動車生産台数**

出典：日本自動車工業会「世界自動車統計年報」「日本の自動車工業」「主要国自動車統計」より作成

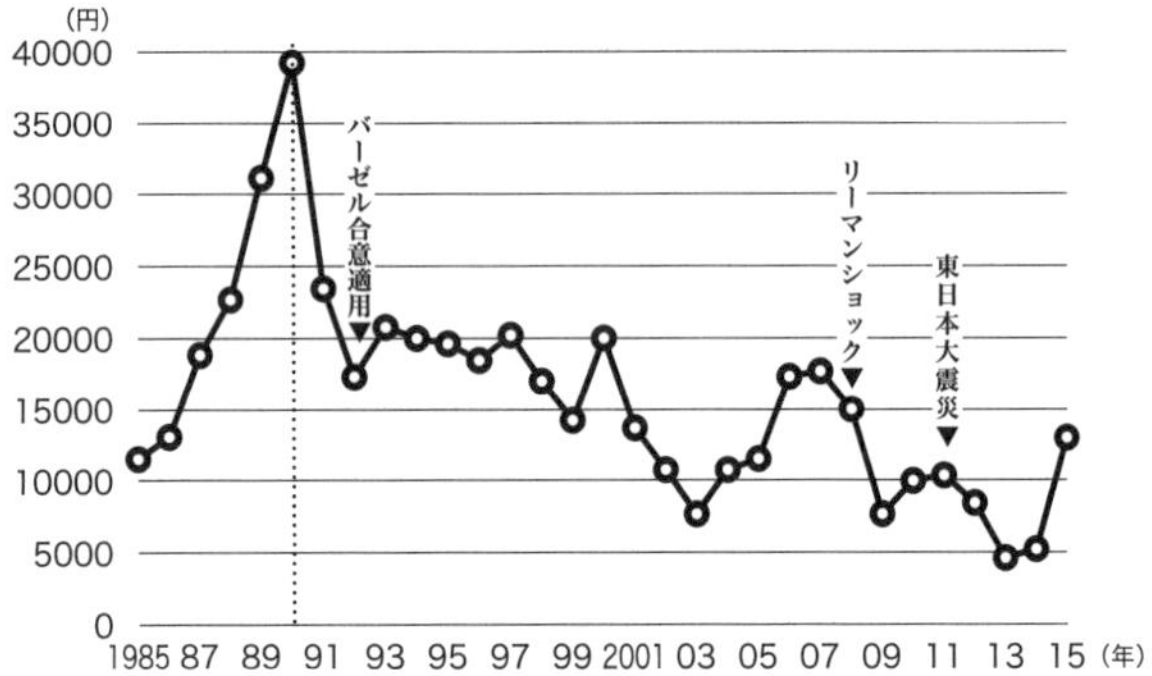


**図0・4　日経平均株価**

出典：みずほ総合研究所作成資料より作成

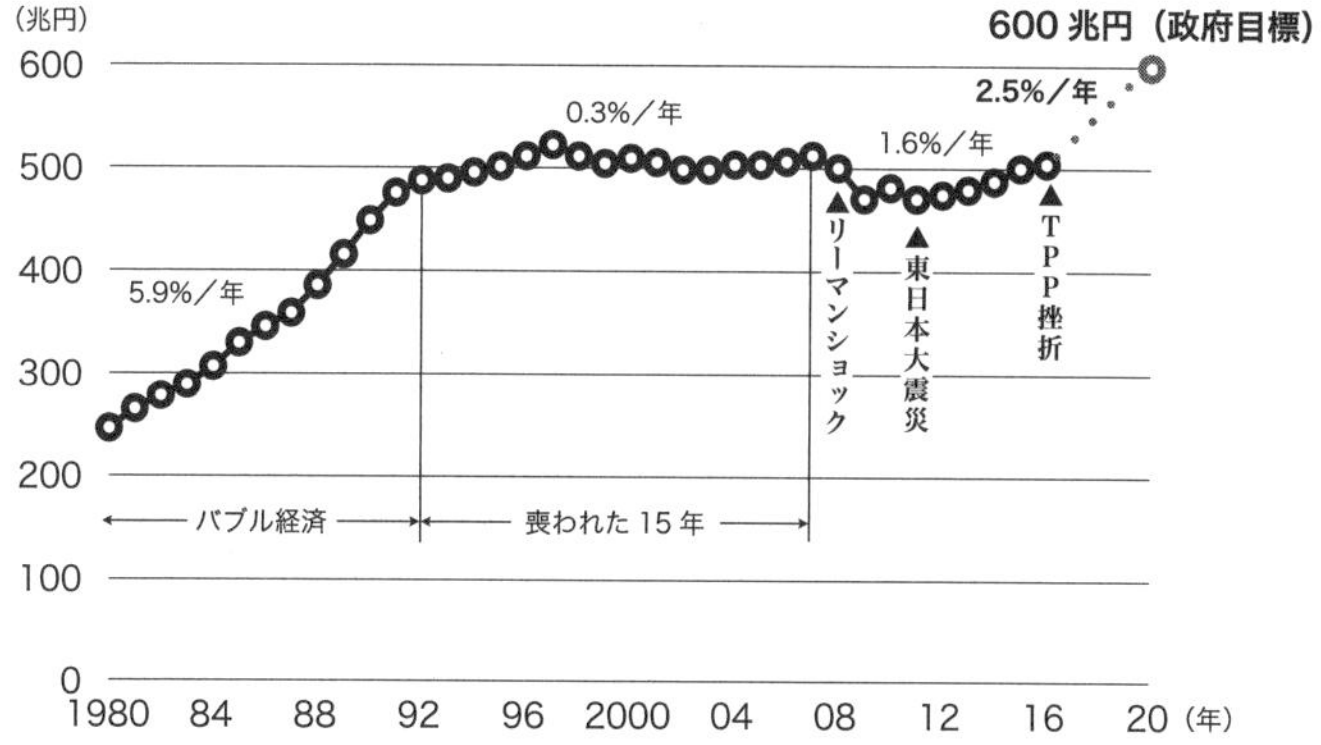


**図0・5**　国内総生産の推移
出典：経済社会総合研究所「国民経済計算」より作成

鋼生産は九〇年代後半に中国に逆転され、現在では六倍以上の大差である。自動車生産も二〇一〇年頃に中国が首位となり、日本の二倍以上の生産をしている。七〇年代には世界の鋼船の半分以上が日本で製造されていたが、二〇〇〇年代に中国と韓国が上回り、日本の製造量は世界の二割程度に減少している。

先端技術の分野でも同様である。二〇一一年には日本のスーパーコンピュータ「京」が世界最速であったが、現在では「京」は八位に後退し、七倍の計算速度をもつ中国の「神威太湖之光」が首位になっている（図0・6）。科学技術の論文の価値を評価する引用される回数でも、〇五年頃には日本は世界の七％で四位であったが、一〇年後には五％で六位に後退する一方、中国は五％の六位から一八％の世界二位に躍進している。

## 一五〇年が経過して反転した社会状況

このような短期の現象だけではなく、日本の重要な課題は

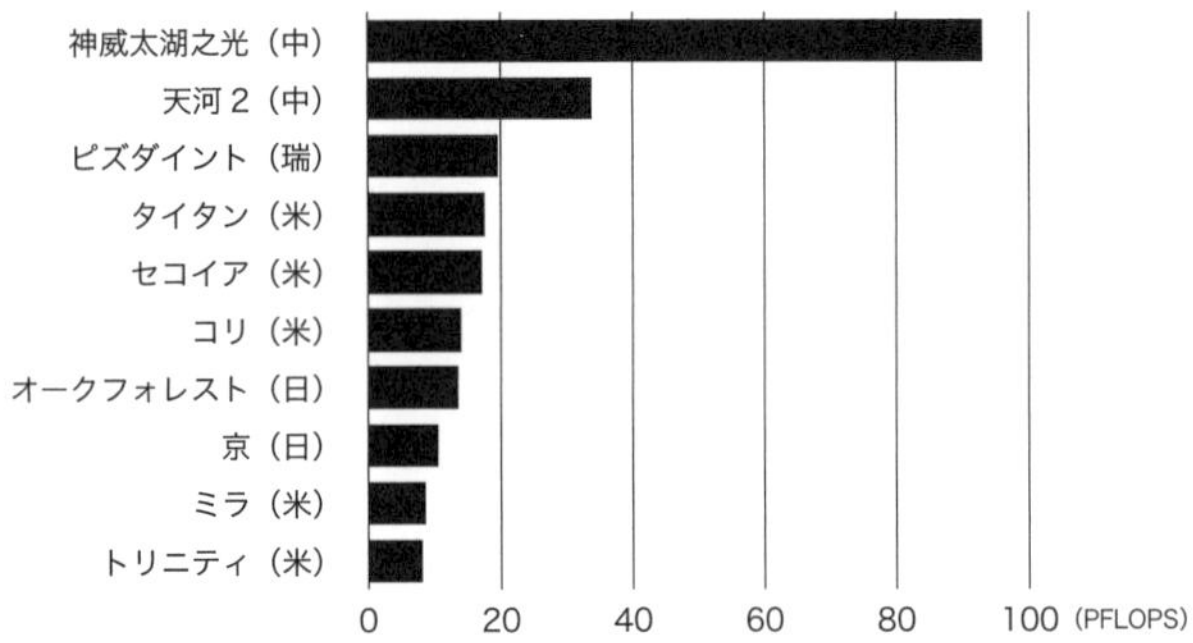


**図０・６**　スーパーコンピュータ計算速度順位（2017 年 6 月）
出典：top500. org（https://www.top500.org/green500/list/2017/06/）より作成

明治時代以来の基礎条件が反転といっていいほど巨大に変化した状況に対応できていないことにあると理解すべきである。第一は増加が常態であった現象が減少に転換したことである。代表は人口で、明治時代初期には三五〇〇万人程度であった人口は一四〇年間で三・九倍に増加したが、二〇〇八年を頂点に減少になり、このまま推移すれば二一〇〇年には大正時代初期の人口になる（図０・７）。

経済については物価の変動もあり単純ではないが、国内総生産を計算すると、明治時代初期からバブル経済崩壊直前までは年率平均二・七％で増加してきたが、以後、現在までは〇・八％の増加でしかない。政府は二〇一五年に約五三〇兆円であった国内総生産を二〇年頃までに六〇〇兆円にすると標榜しているが、これには年率二・五％の成長が必要であり、実現は困難である（図０・５）。これらに共通することは一五〇年間継続した増大の時代が終焉し、反転しつつあることである。

第二は集中する時代から分散する時代への転換である。現在の区域とはやや相違するが、明治初期の東京の人口は九六万人

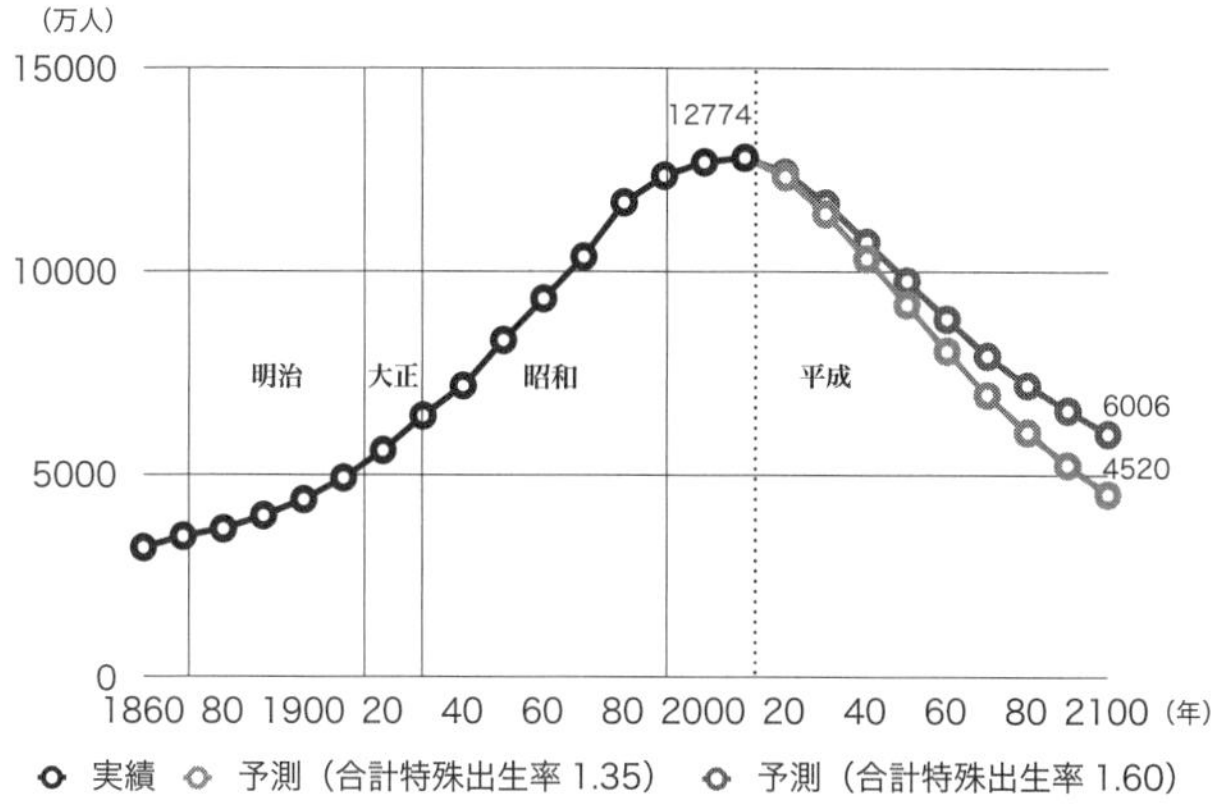


**図0・7　人口の推移**

出典:国立社会保障・人口問題研究所「日本の将来推計人口」(2013年1月)より作成

で日本全体の二・七%、道府県の順位では二〇番目であった。しかし現在は日本全体の一〇・六%が集中し断然一位である。域内総生産についても全国の一五・三%を占有しており、人口の集中比率よりも高率である。これは各藩が独自の経済活動で自立していた江戸時代から、首都東京へ一極集中させた国家の体制変更の結果である。

ところが、この集中が変化しはじめている。一九六〇年代は一都三県の首都圏への人口流入超過は年間三六万人程度であった。しかし七三年の石油危機を契機として約六万人に減少し、さらにバブル経済が崩壊した直後の九五年には流入超過はゼロになった。最近は一〇万人程度に復活しているが、かつてのような集団就職で東京へという時代は終了した。これは近畿二府二県と東海三県を合計した三大都市圏で計算しても同様の結果であり、集中する時代から反転したことを明示している。

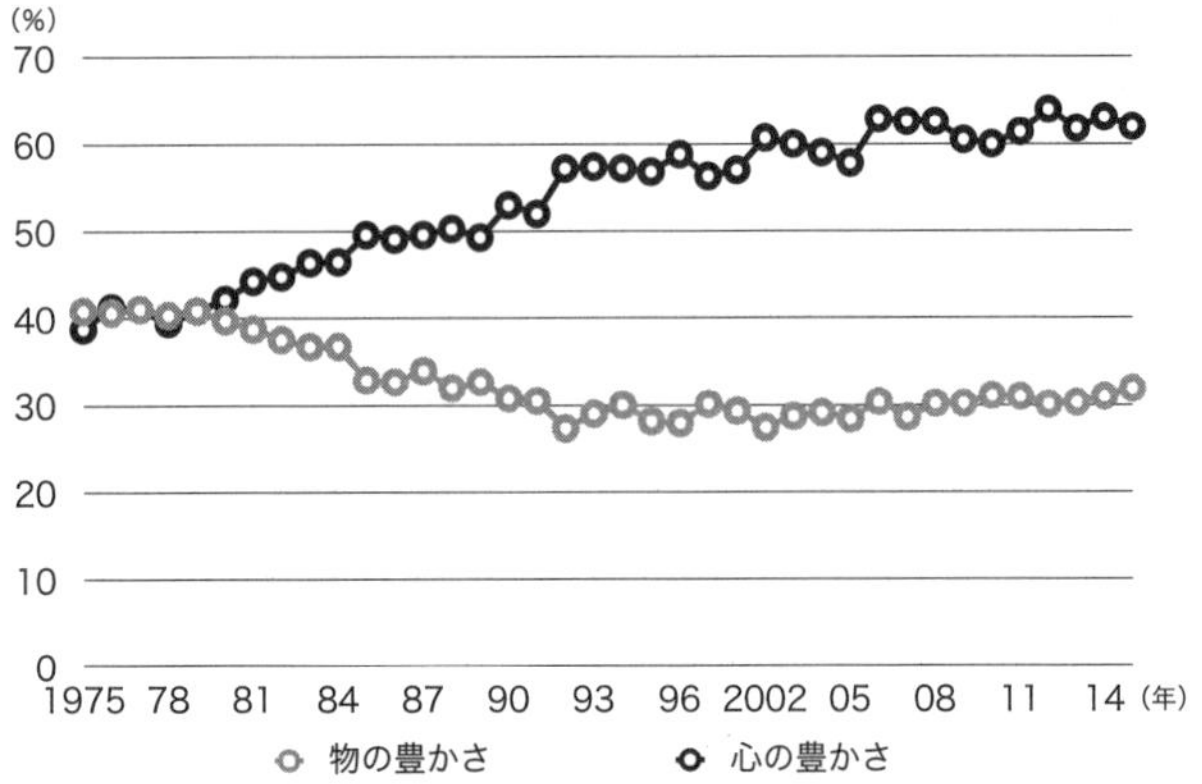


**図0・8　価値意識（物／心）の推移**
出典：内閣府「国民生活に関する世論調査」より作成

その背景にあるのが国民の意識変化である。一九七〇年代に一世を風靡した「モーレツからビューティフル」「せまい日本そんなに急いでどこへ行く」という言葉が象徴するように、石油危機の到来とともに日本人の意識が変化しはじめた。「物の豊かさ」と「心の豊かさ」のどちらを必要とするかという政府の世論調査がある。七〇年代までは両者とも四〇%前後で拮抗していたが、そこから乖離しはじめ、九〇年代以後は前者が三〇%、後者が六〇%となっている（図0・8）。

それを裏付けるように、労働時間にも顕著な変化が発生している。一九七〇年には日本で一人年間二二四〇時間であった時代にフランスが二〇〇〇時間、アメリカが一九一〇時間、イギリスが一九三〇時間、ドイツが一九〇〇時間と大差であった。しかし、二〇一五年には日本は一七二〇時間と大幅に減少し、ドイツの一三七〇時間、フランスの一四八〇時間、イギリスの一六七〇時間とは依然大差であるものの、アメリカの一七九〇時間を逆転するようになっ

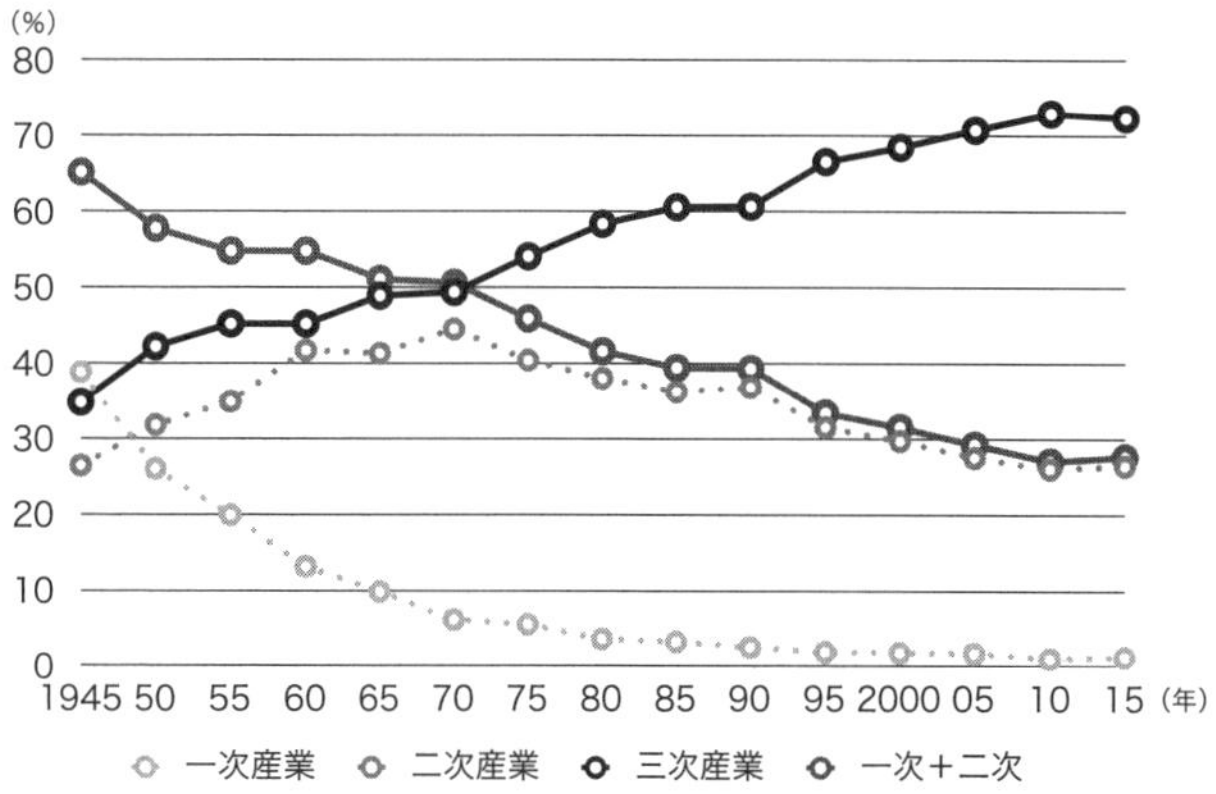


**図0・9　産業別国内総生産の推移**
出典：総務省統計局「国勢調査」より作成

ている。

そのような国民の意識の変化を反映したのが自然環境への理解の変化である。一九二〇年に北海道の湿原面積は一七七二平方キロメートルであったが、八〇年後の二〇〇〇年には七〇九平方キロメートルと六〇%も減少している。日本最大の面積の釧路湿原は日本列島改造の熱狂で干拓する計画まで出現し、広大な勇払原野は実際に埋立てられ工業基地に改造されてしまった。これは特別の事例というわけでもなく、社会が増大という基調にあった時代には、どこにも存在していた現象である。

ところが一九九〇年代になり、世界各地で変化が発生しはじめた。アメリカのフロリダ半島は全体が湿原と表現しても過言ではない地形であるが、二〇世紀になって干拓が進展してきた。ところが九〇年代から直線にした河川を以前の蛇行した河川に修復し、干拓した土地を湿原に回復する事業が開始された。このような動向を反映し、日本でも二〇〇三年に自然再生推進法が施行され、過去に損傷された自然環境を再生する活動が各地で出現してきた。開発から回復への転換である。

しかし社会全体に影響する最大の変化は産業の中心が一次産業と二次産業という農業産品や工業製品などのモノを生産する分野から、三次産業というモノを流通させる通信、輸送、金融、保険などの分野に移行したことである。日本の一九五〇年の一次産業と二次産業の国内総生産の合計は全体の五八％、三次産業が四二％であったが、以後、急速に減少し、二〇一五年には二八％と七二％と逆転した。一次産業だけでは二五％から一％へ激減している（図0・9）。

一般には工業社会から情報社会へと表現される変化であり、欧米先進諸国を手本として明治政府が目指した産業革命の時代が終焉し、情報革命といわれる時代が登場してきた。この変化は急速で、二〇〇七年の世界の企業の時価評価総額の上位二〇社には情報関係の企業は四社でしかなかったが、一七年には一〇社が登場し、しかも上位五社はアップル、アルファベット、アマゾン・ドット・コムなどの新興の情報企業であり、かつてのモノを製造する巨大企業は一社も登場しない。

## 既存の枠組を突破して成功している地域創生

ここまで説明してきた内容を要約すると、増加から減少、集中から分散、物質から精神、開発から回復、工業から情報ということになるが、これは明治政府が日本を近代国家とするために目指した方向と反対の方向である。すなわち明治維新から一五〇年が経過して二〇世紀の最後に頂点に到達したとき、日本そして世界の目指すべき方向が一八〇度転換したにもかかわらず、日本は方向転換できなかったことが喪われた数十年の原因ということになる。

それにもかかわらず、政府の政策は一五〇年の延長線上を進行している。その典型が「地方創生」という地域振興政策である。地方という言葉自体が中央と地方を対比させた中央集権の色彩を色濃く反映した名称であるし、その実務も中央政府が設定した枠組と予算の範囲で地方政府が事業を計画し、認可された事業のみが実施されるという明治時代以来変化していない仕組である。その時代錯誤を象徴したのが加計学園の騒動である。

そのような状況にもかかわらず、地域の人々が次々と成功させてきた地域創生活動を紹介したのが本書である。明治維新は、それまで二六〇年間維持されてきた社会構造を否定することによって以後一五〇年の発展をもたらした。現在、各地で明治維新一五〇年の記念行事が計画されているが、それは過去を継承する以上に、否定することに意味がある。政府の規制に関係なく、政府の補助に依存せず、独自の発想で地域を元気にしてきた事例は全国の地域の参考になると期待する。

# 第1章　集落転換
## ――蘇生した人口一人の限界集落（福井県勝山市小原集落）

### 日本社会の縮図である限界集落

二〇一四年に発表された「消滅可能都市」の衝撃により、次第に話題にならなくなったが、一九九〇年代の地方の疲弊を象徴する言葉は「限界集落」であった。高知大学の大野晃教授（当時）が四国の山村を調査し、林業の衰退の影響により山村の集落で人口が急減するとともに高齢比率が増加していることを根拠に、集落が維持できなくなることを危惧した提言である。従来の「過疎」という言葉ではなく、より深刻な現実を警告するために、住民からの批判を覚悟のうえで「限界」という言葉で表現した現実

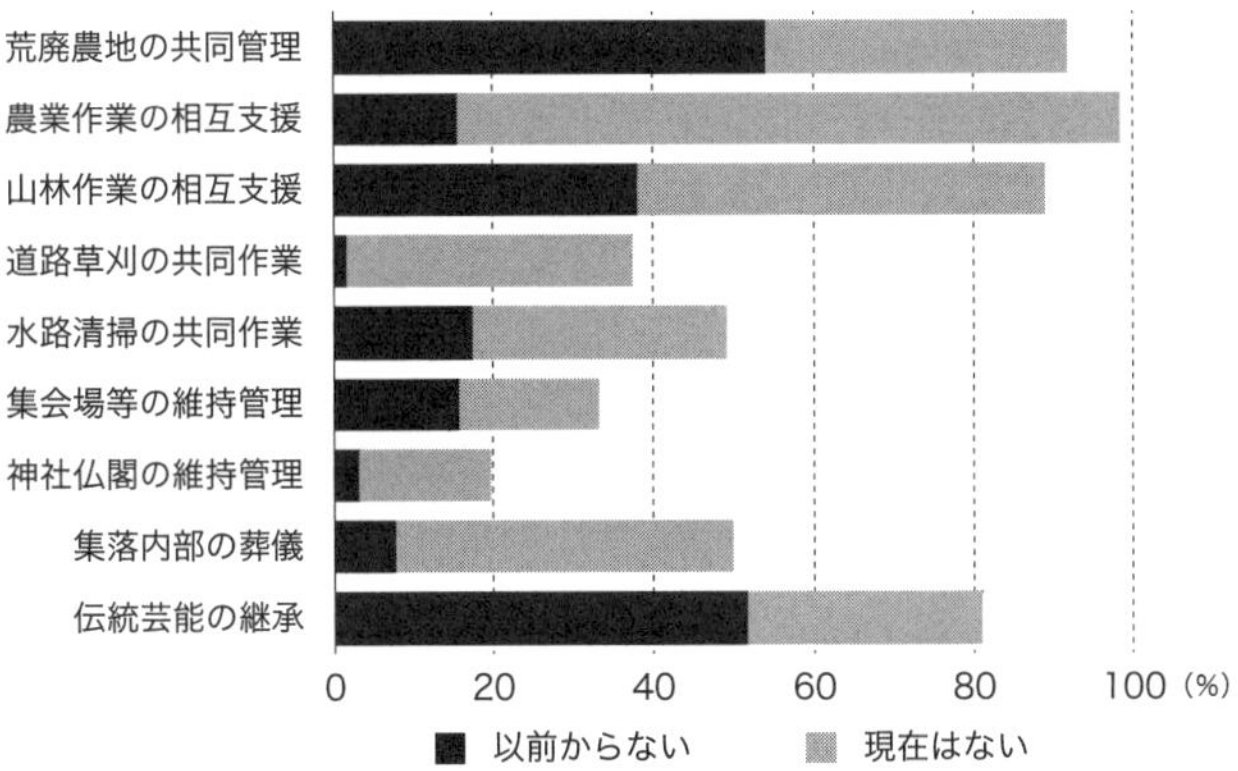


**図1・1**　集落行事の消滅した集落数
出典：農村開発企画委員会「平成18年度限界集落における集落機能の実態等に関する調査報告書」(2007年3月) より作成

である。

大野は六五歳以上の高齢人口が半分以上になり、社会基盤や伝統行事が維持できなくなる状態の地域を限界集落と定義した。最近では、日本老年学会などが平均年齢の増加している現状を反映して、六五歳から七四歳は「准高齢者」、七五歳から八九歳を「高齢者」、それ以上を「超高齢者」と変更したらどうかと提案しているため、定義の見直しは必要かもしれないが、日本の地域が直面している現実を指摘した分析であった。

この提言を背景に、省庁が実態を調査した結果によると、二〇〇五年の農林水産省の調査では限界集落は一四〇三集落、〇六年の国土交通省の調査では七八七八集落になっている。さらに一〇年以内に人口がゼロになる「消滅集落」が四二三集落という数字も発表されている。悉皆調査ではないので正確な集落総数は明確ではないが、後者の調査は六万二二七三集落を対象にしているので、それを母数にすれば、約一三%が限界集落、〇・七%が

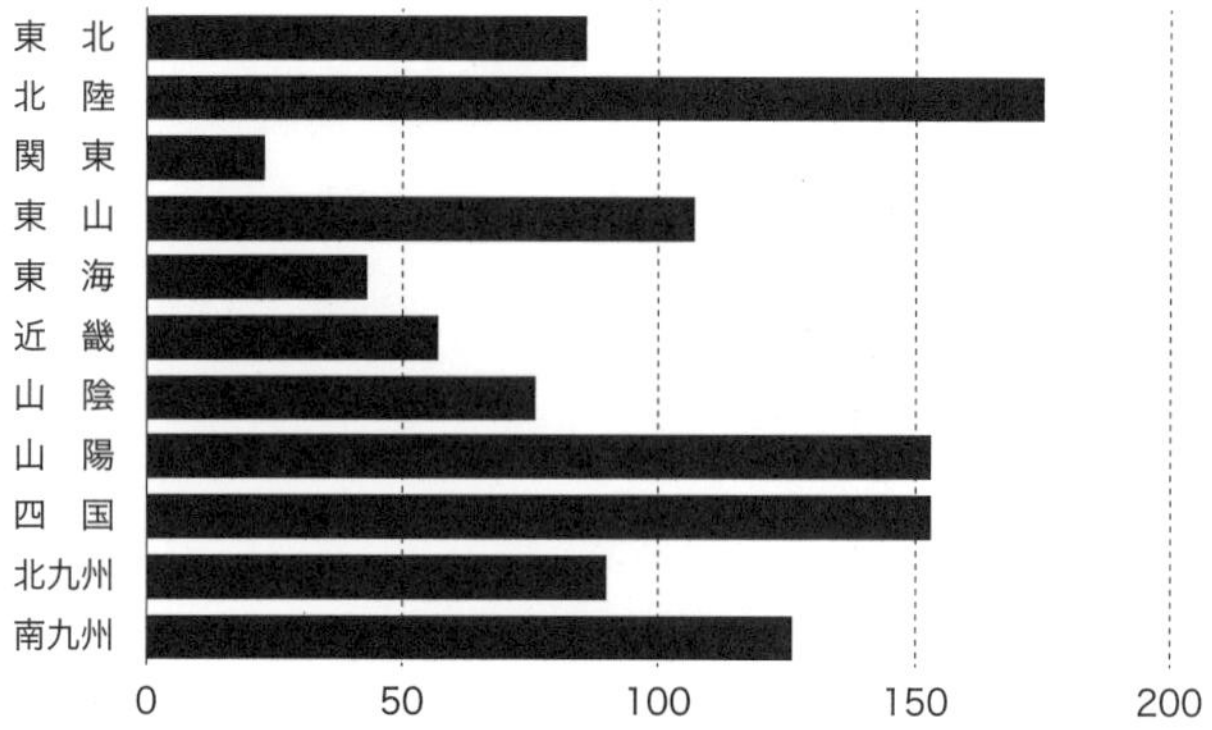


**図1・2**　無住化危惧集落数（2000年）
出典：農村開発企画委員会「平成17年度限界集落における集落機能の実態等に関する調査報告書」（2006年3月）より作成

消滅集落になる。

これらの調査から約一〇年が経過した現在、当然、限界集落も消滅集落も増加しているが、それは消滅可能都市よりも深刻な問題をもたらすことになる。日本の伝統文化の大半は都市ではなく、農山漁村で誕生したものであるから、その文化を維持するだけの住民が存在しなくなった限界集落が増加していくことは、日本の精神の基底が崩壊していくことを意味する。実際、七〇集落を対象にした調査によると、伝統芸能の継承、神社仏閣の維持、葬儀の執行などができなくなった集落は多数になっている（図1・1）。

## 恐竜の生息していた山奥の限界集落

全国に四〇〇以上も存在する消滅集落のなかでも定住人口一人という究極の消滅直前集落がある。北陸四県（新潟・富山・石川・福井）は限界集落が多数存在する地域であり、全国の約一六％が集中している（図1・2）が、その究極の集落は福井と石川の県境にある人口二万五〇〇〇

**写真1・1**　小原集落全景

人弱の福井県勝山市の山奥に位置している。福井駅前から私鉄のえちぜん鉄道に約五〇分乗車すると終点の勝山に到着する。その駅前広場には実物規模の巨大な恐竜の模型が設置されている。

勝山は日本で発見された恐竜の化石の八割が発掘されていることで有名な場所で、市域全体が「恐竜渓谷ふくい勝山ジオパーク」に認定されている。その象徴が勝山駅前から彼方に遠望できる銀色の球状の建物で、これが福井県立恐竜博物館である。勝山が恐竜都市であることを証明するのは、日本で化石が発掘された恐竜のうち、新規の学名が付与されている恐竜は四種あるが、そのうち三種が勝山市内で発掘されていることである。

それは名前にも反映されており、肉食恐竜「フクイラプトル・キタダニエンシス」（全長四・二メートル)、草食恐竜「フクイサウルス・テトリエンシス」(全長四・七メートル)、草食恐竜「フクイティタン・ニッポネンシス」(全長一〇メートル)である。勝山駅前から約一〇分の福井県立恐竜博物館を通過し、そこから蛇行する山道を約一五分進行すると、「フクイラプトル・キタダニエンシス」の発掘された北谷地区に到着する。

その渓谷の一部にある小原集落が定住人口一人になってしまった究極の限界集落である(写真1・1)。九頭竜川支流の右岸の急峻な斜面に、崩壊しそうな数軒の民家があるが、かつては林業と養蚕を生業として五〇〇人以上の人々が生活しており、昭和初期の写真では一〇〇軒以上の民家が密集している場所であった。しかし、林業と養蚕の衰退とともに人々も撤退していき、冬期の豪雪によって民家も次々に倒壊して現在のような光景になってしまった。

消滅集落になることは確実であった集落を蘇生させるために一人の男性が登場した。この集落が父親の出身場所であり、自身も子供時代に生活した経験のある國吉一實さんである。名古屋市に就職していたが、自分の故郷が消滅することに我慢できず、都会から帰郷し、蘇生への最初の一歩として地域の住民、地元の小原生産森林組合、さらには福井工業大学の教授や学生などの参加により、二〇〇六年春に「小原ECOプロジェクト」を設立して活動を開始した。

## 蘇生作戦の開始

最初の仕事が、集落調査の目的で以前に来訪したことのある福井工業大学建築生活環境学科吉田純一教授や学生とともに、崩壊寸前であった民家を再生することであった。夏休み期間に教授と約一〇名の学生が参加して修復作業を開始するが、建築を専門とする教授や学生といえども大工の経験があるわけでもなく、和風建築専門の大工の指導により、なんとか毎年一棟ずつを再生し、現在までに七棟の修復を実現してきた。

吉田教授の回想によると、しばらく以前まで住民が生活していた住居であるために家財道具が放置されており、それを片付けるだけで七日もかかるという苦行からの出発であった。しかも真夏の山奥での作業に参加する学生が少数のため、大学には内緒で建築実習の単位と交換で学生を募集するという苦労もあった。ところが民家の再生が次第に評判となり、最近では、この仕事を目指して大学に入学してくる学生も登場するほどの人気になってきた。

**写真１・２**　福寿荘

完成した一棟は「福寿荘」という名前の宿泊施設として利用されている（写真１・２）。この名前は絶滅危惧Ⅱ類に指定され、勝山市指定天然記念物のミチノクフクジュソウの保全活動を小原ＥＣＯプロジェクトの仕事としたことに由来する。集落は白山連峰の一部である赤兎山や大長山への登山の入口として、年間約六〇〇〇人が通過していくために人通りはあるが、集落に立寄ってもらうためには仕掛を用意する必要があった。

そこで用意したのが、谷川での川遊び、山菜の採集、豪雪の体験、林業の学習、稲刈の体験、平家の落人伝説もある古道の探索など、ここでしか提供できない季節ごとのエコツーリズムであった。最初は少数であったが、開始から六年で訪問客数は年間一三〇〇人を突破し、最近では、中国、台湾、韓国などアジア地域や、メキシコ、フランス、イタリア、デンマークなど遠方からも参加があり、意外にも世界から注目されている。

このような既存の自然や文化を観光資源として利用するだけではなく、自然環境を整備する仕事も推進しており、ミチノクフクジュソウが繁殖するための保全活動、登山のときに持込まれる外来植物の除去作業、祖先が構築してきた石垣や水路の修復作業なども来訪した人々とともに実施し、これら自体も観光資源になっている。さらに二〇一三年に地域の一部が白山国立公園に編入されたことも追風になり、次第に話題の場所に発展してきた。

このような活動のためには資金が必要である。最近では活動が認知され、企業や団体からの寄付も増加しているが、一方で支出も増加しつつある。一例として、一軒の民家を再生するためには、労賃は学生などの無料奉仕にしても、材料費は八〇万円程度必要になる。そこで登山のために集落を通過する人々から登山道路整備などの環境保護という名目で一人三〇〇円を支払ってもらい、年間約一五〇万円程度の収入を確保し、単純な観光以上の活動を継続している。

**写真1・3**　小原集落周辺の山々

このような努力を約一〇年継続した現在、活動に参加する人数も急速に増加している。ミチノクフクジュソウの保全活動は地域の小学生が環境学習の一環として参加しているが、最近では年間一六〇名程度が参加する活動に発展しているし、エコツーリズムとして来訪して集落に宿泊する人数も年間八〇〇名にもなっている。そして小原ＥＣＯプロジェクト自体の会員が当初の二倍となる約五〇名に増加してきた。

小原集落の晩秋の紅葉の山々や清涼な谷川は絶景であるが（写真１・３）、それとともに重要な資産は何百年間も蓄積されてきた地域の文化である。日本全体の人口減少が回避できない現在、その自然と文化の維持を定住する人々に依存することは困難であり、期待されるのは交流人口である。そのためには、國吉さんが郷里に出戻ったような愛郷精神を背景にした情熱が必須であり、そのような人物が登場すれば全国の限界集落は蘇生できるはずである。

# 第2章　空家転換

## ——ドイツ人建築家が再生させた山村（新潟県十日町市竹所集落）

### 空家問題の消滅都市への拡大

東京都豊島区でさえ消滅候補となり話題になったように、「消滅可能都市」は過疎集落だけの問題ではない。限界集落も山奥の山村や離島の漁村だけではなく、都市でも発生している。一例は東京都新宿区の都営戸山ハイツである。東京に人口が大量流入してきた一九六〇年代から戸山公園の周囲に三五棟の集合住宅が建設され、そこに約七〇〇〇人が生活しているが、高齢化率は四〇％近くになっている。同様の現象は人口急増への対処として大都市郊外に造成された巨大団地でも発生している。

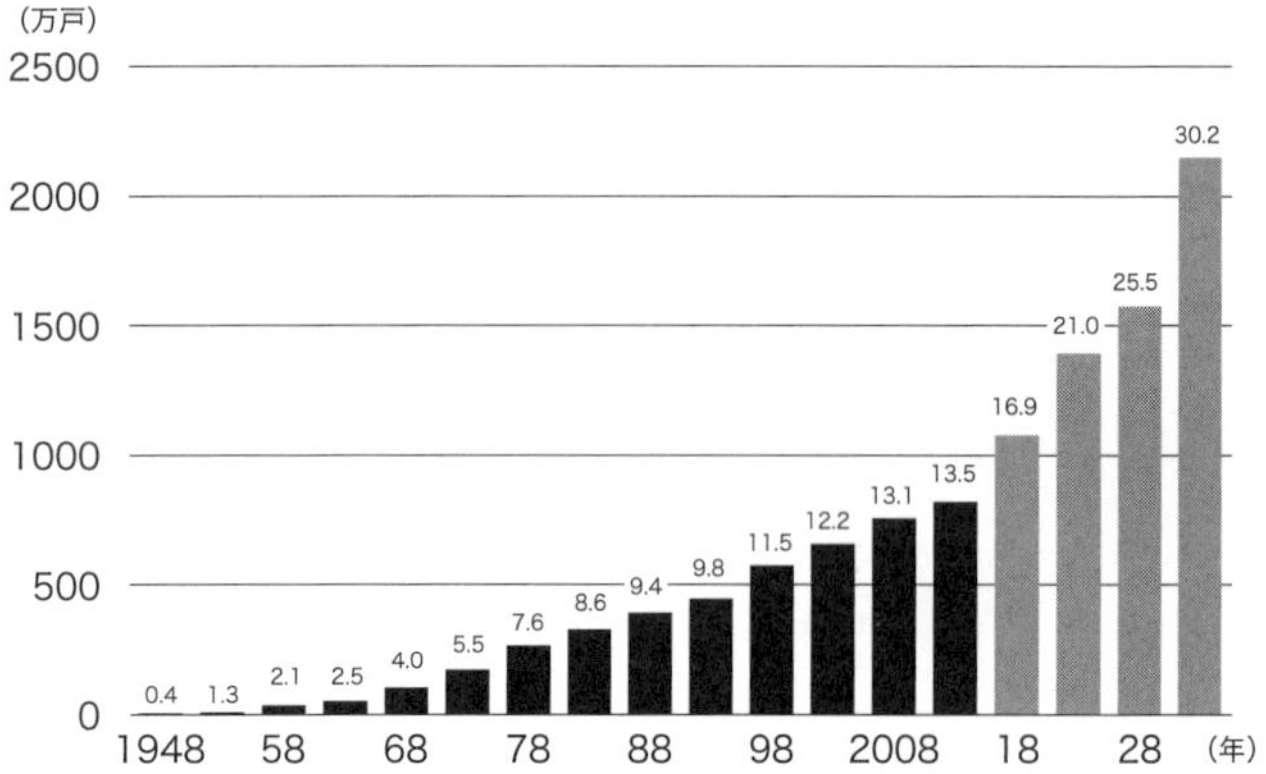


**図2・1**　空家の増加(%)
出典:総務省統計局「住宅・土地統計調査」より作成

このような現象が波及して発生しているのが全国の空家の急増である。戦後の一九四八年から政府は「住宅・土地統計調査」を五年ごとに実施しているが、その最初の調査では空家は全国に約六万戸で住宅全体の〇・四%でしかなく、極端な住宅不足であった。しかし五五年に日本住宅公団が設立され、公的な集合住宅の建設が進展すると同時に民間業者も建設に邁進し、新築戸数が増加するとともに、空家の比率も増加してきた。

その数字は一九七三年には五%、九八年には一〇%を突破し、二〇一八年には一五%以上になりそうである。さらに二三年には空家が一三九〇万戸で住宅全数の二〇%、二八年には一七七〇万戸で二五%、三三年には二一四五万戸で三〇%を突破すると予測されている(図2・1)。一三年の東京と千葉に存在する住宅の合計が一〇二六万戸、それに茨城、栃木、群馬、埼玉、神奈川、山梨を追加した一都七県の合計が二一三五万戸であるから、大変な数字であることが想像できる。

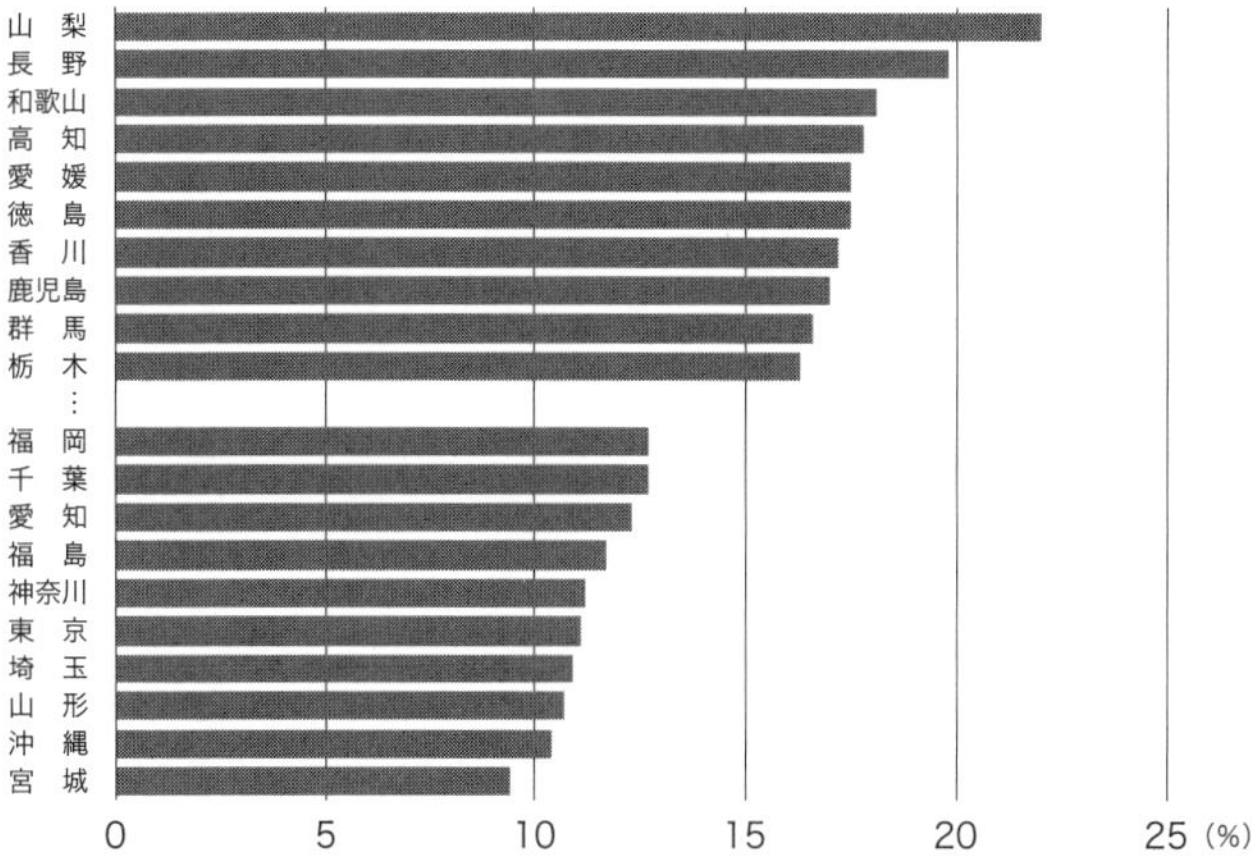


**図2・2**　都道府県別空家の比率

出典：総務省統計局「住宅・土地統計調査」(2013年) より作成

この空家の地域分布を二〇一三年の統計で比較をすると、人口減少や大都市圏への流出の影響により、大都市圏以外で増加している。宮城（九・四％）と福島（一一・七％）は東日本大震災の被害で大量に住宅が消滅したため低率であるが、それ以外の低率の地域は埼玉（一〇・九％）、東京（一一・一％）、神奈川（一一・七％）など首都圏域に集中している一方、高率の地域は山梨（二二・〇％）、長野（一九・八％）、和歌山（一八・一％）など人口減少地域と相関関係がある（図2・2）。

空家は住宅単独の問題ではなく、老朽により倒壊する、景観を悪化させる、犯罪に利用される、放火の危険があるなど地域社会の問題にもなる。そこで政府も二〇一四年に「空家等対策の推進に関する特別措置法」を制定している。これは地方自治体が空家の現況を調査し、対策が必要な空家を特定空家に指定し、持主に改善の助言から勧告、さらには命令し、最悪の場合には強制対処をし、その費用を持主に請求できる制度である。

一方、地方自治体も特別措置のような問題解決方法だけではなく、域内の空家を「空家バンク」に登録して移住したい都会の人々に情報を提供し、空家が流通されるように支援をしている。また空家を集会施設や宿泊施設に転用する、地域住民による前向きの活動も増加している。そのような活動のなかでも、ドイツから移住してきた外国人が老朽した民家を再生して住居にするだけではなく、その効果によって移住してくる人々が増加するまでになった事例がある。

## 日本を目指したドイツの若者

新潟県南西部に松代という地域がある。東京から上越新幹線の越後湯沢駅で北越急行ほくほく線に乗換え、約四〇分で到着する「まつだい」という駅で下車すると、駅前が松代の中心である。日本有数の豪雪地帯であり、二〇〇五年に十日町市に合併されるまでは人口約四二〇〇人の地方都市であった。域内の各地に棚田があり、とりわけ「星峠の棚田」は、上杉家の家老であった直江兼続を主人公とするNHK大河ドラマ「天地人」の冒頭の場面に登場する有名な名所である。

その駅前から山道を自動車で約二〇分も走行すると、竹所という集落に到着する。谷筋に農家が点在する集落内部の農道を通過していくと、背後の緑色の田園風景には似合わない赤色や緑色の原色の土壁をもつ建物が何軒も出現する（写真2・1）。これらの目立つ建物が、竹所に定住して二四年目になるカール・ベンクス、クリスティーナ・ベンクス夫妻が崩壊しそうになっていた農家を改築して名所にま

**写真2・1**　竹所集落

で仕上げた作品である。

ベンクスさんは終戦によって東西に分割される以前のベルリンの東側で一九四二年に誕生した。ここは戦後、ソビエトの占領地域であったが、四九年にソビエトの衛星国家である社会主義体制のドイツ民主共和国の誕生とともに、その首都になった。当初、ベルリンでは東西の往来は自由であったが、東側から西側への人口流出が顕著になったため、六一年に有刺鉄線で東西が隔離されることになった。そのとき、一九歳であったベンクスさんは西側へ脱出した。

最初はベルリンでインテリアデザインの仕事に従事していた。しかし、教会の絵画の修復の仕事を職業とし、第二次世界大戦で戦死した父親が日本文化に興味があり、日本の根付や印籠などの工芸品を収集していた関係で、ベンクスさんも日本文化の空手に関心を持つようになり、パリに移動してデザインオフィスで仕事をしながら、空手道場で練習するようになった。そこで空手試合の遠征のためヨーロッパを訪問していた日本大学の選手たちと知合い、日本に留学を決意する。

当時の安価な日本への移動はシベリア鉄道を経由することであったが、ベルリンでの経験からソビエト域内の移動を敬遠して船旅を選択し、約二週間かけて神戸へ到着した。その直後に京都を見学し、その光景に感動する。これは父親の遺品であるドイツの建築家ブルーノ・タウトの著作『日本美の再発見』の影響である。タウトは客船で敦賀に到着し、翌日、京都郊外の桂離宮を訪問して、日記に「泣きたくなるほど美しい」と記録しているが、その行動と瓜二つである。

## 民家の救済から集落の再生へと発展

日本大学で勉強しながら東京で内装の仕事をしていた三一歳のときにクリスティーナさんと出会い、結婚してドイツに一旦帰国する。そしてデュッセルドルフを拠点として日本文化に興味のある人々の依頼により、日本の民家や茶室をヨーロッパに移築する仕事を約二〇年も手掛けるようになる。その仕事のために日本各地で移築候補の建物を物色する過程で、立派な民家が見捨てられて崩壊していく様子に何度も出会い、それを残念とする気持ちが内面に蓄積されていくようになる。

そのような時期に、移築の仕事の関係で友人となった日本の大工とともに、現在の住居となる松代の竹所集落を訪問し、東京から約三時間の距離にあるにもかかわらず緑豊かな自然環境が存在することに

**写真2・2**　「双鶴庵」（写真提供：カール・ベンクス）

感動し、五一歳になった一九九三年、ここに移住する決意をする。当初は物珍しさから新聞や雑誌に紹介されたものの、建築設計など本来の仕事の依頼はなく、そこで茅葺の農家を自宅とするために改築することにし、現在の住居「双鶴庵」が実現した（写真2・2）。

この建物は原型保存するほど由緒のある農家ではないため、立派な木材で構築された骨組みや茅葺の屋根はそのまま利用しているものの、床下暖房、二重窓枠、断熱壁材などの設備を導入し、快適な生活ができるように工夫されている。しかし最大の特徴は骨組みを維持したまま、土壁を桃色にしてあることである。それによって故郷ドイツのローテンブルクなどの地方都市に維持されている歴史的建造物の面影を彷彿とさせる外観になっている。

**写真2・3**　竹所集落への案内地図

このように改造された民家は竹所集落に八棟が実現し、それぞれ緑色、黄色、茶色など特徴のある土壁をもつ建物になっており、牛舎さえ壁面は黄色である。森林の隙間から派手な色彩の建物を遠望すると、童話の世界を想像させるような景観が実現している。最近では一帯の有名な棚田とともに、ベンクスさんが改築した民家を見学する人々も増加し、集落への道路の分岐地点には見学する人々のための案内地図（写真2・3）まで用意されているほど話題の場所になっている。

しかし、民家の改造は農村風景を一変させただけではなく、集落を変貌させることにもなった。全国共通の課題であるが、このような過疎地域では人口が減少していくことが常識である。実際に竹所集落でも二〇一一年には八世帯一六人という消滅集落直前にまでなっていた。ところが改造された民家に都会から移住してくる若者が次第に増加し、一六年には一四世帯三一人に反転し、集落では一七年振りに子供が誕生するという快挙となり、奇跡の集落といわれるほど評判になった。

現在、ベンクス夫妻が長野、東京、埼玉、山梨など全国各地に再生させた民家は五〇軒になり、それを記念して二〇一六年には十日町市で祝賀行事が開催され、一七年には「ふるさとづくり大賞・内閣総理大臣賞」を受賞して総理大臣官邸で表彰され、過疎の集落を蘇生させたという以上の存在になっている。さらに五〇軒の民家を再生することがベンクス夫妻の目標になっているが、それは民家の再生ではなく、日本の地域社会の再生になるはずである。

## いつも外国の視点で発見されてきた足元の宝物

ベンクスさんを著書で日本に誘導したタウトが桂離宮を絶賛してから、桂離宮は日本を代表する建物になったが、それ以前には伝統建築が危機に直面した事態が発生している。明治政府は一八六八年四月五日に通称「神仏分離令」といわれる「太政官布告」を発令した。これは神仏習合といわれて一体となっていた神道と仏教を分離することが目的で、仏教を排斥する意図ではなかったとされるが、廃仏毀釈運動に発展し、全国で寺院が破壊され、多数の仏像が海外に流出した。

さらに一八七一年一月五日に「寺社領上知令」が布告され、境内以外の寺院の領地が接収されることになった。寺院の維持が困難になった奈良の興福寺は五重塔と三重塔を売却することにした。ある商人が二五〇円（約一〇〇万円）で購入し、炎上させて金具などを回収しようとしたが、延焼を危惧した周辺住民の反対によって中止された。現在、両塔とも国宝として存続しているが、世界遺産を破壊したイスラミック・ステート（IS）を非難できない事態が日本でも発生していたのである。

これが唯一の事例というわけではない。寛政年間に彗星のように登場し、一〇ケ月で消息不明となった浮世絵師・東洲斎写楽は明治時代には完全に忘却された存在であったが、一九一〇年にドイツの美術史家ユリウス・クルトが『SHARAKU』という著作で、写楽をルーベンス、ベラスケスに匹敵する肖像画家として絶賛してから日本で一気に評価されるようになった。しかし、その時期には大半の作品は外国の目利きが購入してしまっており、日本には三割程度しか残存していない。

かつては日本人が科学分野のノーベル賞を受賞すると、翌年、大急ぎで文化勲章を授与するという事態が何度かあったように、外国からの指摘によって身近な存在の価値に気付くことは数多く存在した。建物についても、木造の文化と石造の文化の相違があるにしても、次々と消滅していく木造の民家の価値もベンクスさんという外国の視点から気付かされたのである。このような外部の視点を導入することも地域創生の切札である。

# 第3章　商業転換
## ——一人の若者が変革した商業地域（栃木県鹿沼市）

### 変遷する小売の主流

農家が野菜を、漁師が魚介を持参し、相互に交換するような場所として市場が登場した。八日市や十日市という地名が存在しているように、初期には一定の日付に開催される仕組であり、その形式が現在でも存続している市場もある。ベトナムの山岳地帯で毎月一回開催され、かなり遠方から売手も買手も参集する路上市場を見学したことがあるが、交易の原点を彷彿とさせる活発な商業活動であった。しかし、やがて常設になり、建物も建設され、常時開業している場所に発展していく。

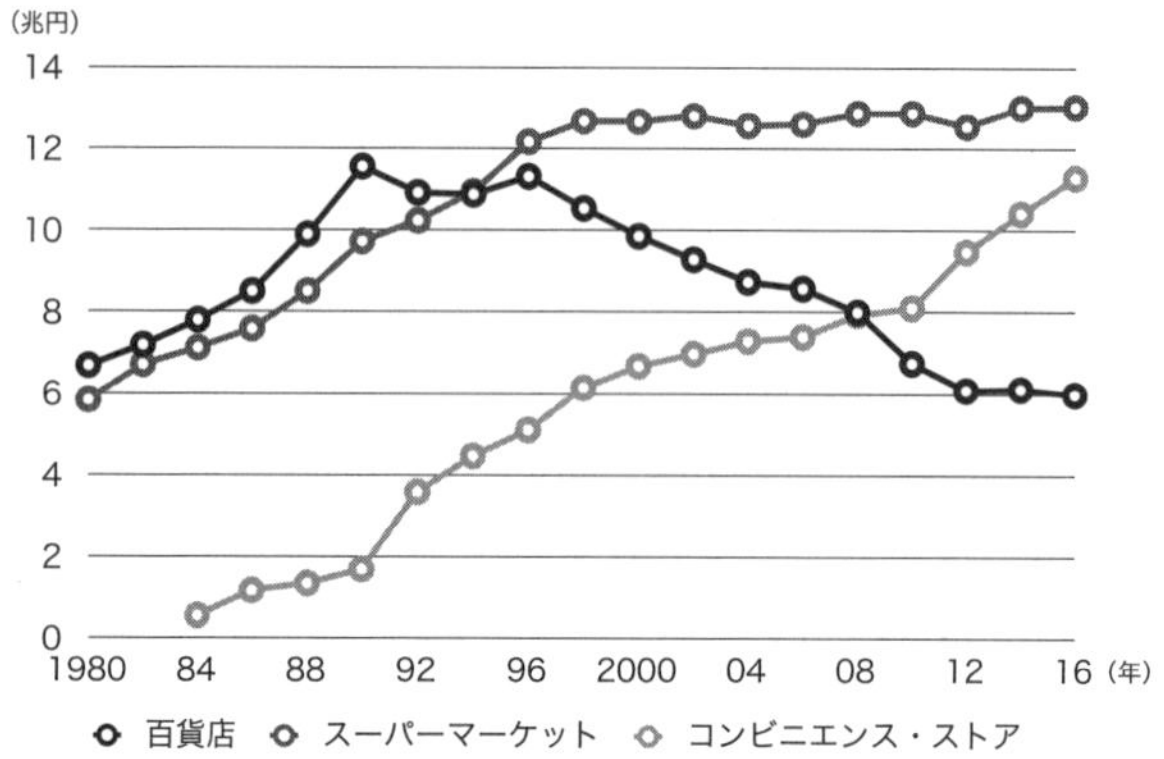


**図3・1**　店舗種類別売上高
出典：経済産業省「商業販売統計」より作成

それを平面から立体にし、しかも都心に開設したのが百貨店であり、世界では一九世紀中頃のパリに「ボン・マルシェ」が登場し、日本では二〇世紀初頭の東京に「三越百貨店」が実現した。百貨店はそれぞれの売場に店員が配置されているが、それをセルフサービス方式にして出口で精算する形式がスーパーマーケットである。一九三〇年代にアメリカに登場し、日本では五〇年代中頃に「西友」「ダイエー」「イトーヨーカ堂」が次々と開業するようになった。

さらに一九七〇年代になると、食品や飲料や日用雑貨のみの販売に特化した年中無休で早朝から深夜まで、場合によっては二四時間営業するチェーンストア形式のコンビニエンス・ストアが出現する。最初は二〇年代のアメリカで開業した「セブン-イレブン」であるが、日本では七〇年代に「セイコーマート」「ファミリーマート」「セブン-イレブン」「ローソン」が次々と出現し、現在では、合計すると全国に五万五〇〇〇店以上が開店している盛況である。

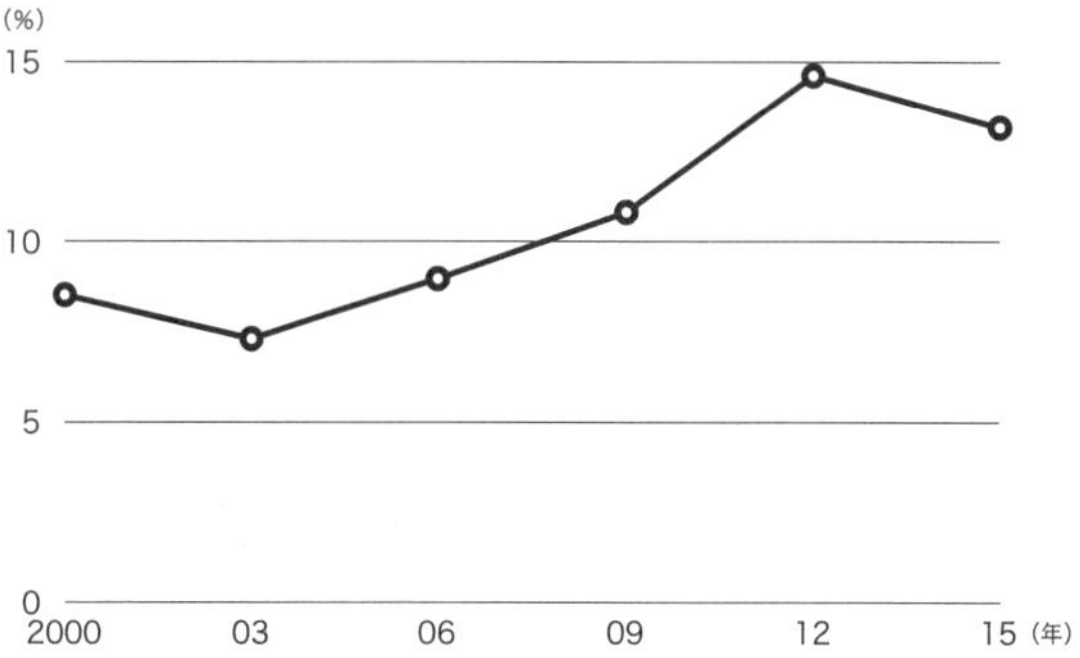


**図3・2　商店街あたり空き店舗比率**
出典：(株) アストジェイ「商店街実態調査報告書」より作成

商売に栄枯盛衰は必然である。それを象徴したのが一九七二年に「ダイエー」の売上が「三越百貨店」を上回ったことであり、さらに二〇〇八年にはコンビニエンス・ストア業界の売上が百貨店業界の売上を上回った。二一世紀になってからスーパーマーケット全体の売上は一三兆円前後で安定したまま増加しない一方、コンビニエンス・ストア全体の売上は六兆円から一〇兆円を突破して急伸しており、その影響で百貨店やスーパーマーケットの閉鎖が相次ぐ状態になっている（図3・1）。

このような歴史のなかで、いつも翻弄されてきたのが小型商店の集積である都市の中心市街地商店街である。百貨店は高価な商品を主力にしているため、一般商店への影響は軽微であるが、スーパーマーケットは規模の威力を発揮して、一般商店と競合する商品を安価に販売し、しかも郊外に分散していく住宅地域を対象にして店舗を開設する。コンビニエンス・ストアは二四時間営業やコンピュータシステムで販売効率を最適にするため、いずれも小型商店を駆逐してきた。

全国の中心市街地商店街あたり空き店舗の比率の調査による

と、二〇〇〇年には八・五％であったが、以後、着実に増加し、一五年には一・五倍の一三・二％になり（図3・2）、シャッター通り商店街という呼称さえ定着しつつある。いくつかの原因があるが、長期では自動車利用者が増加したために郊外の道路沿線に大規模商店街が登場したこと、さらに二〇〇〇年に大規模小売店舗法が改正され、郊外に百貨店、映画館なども一体となった複合施設が増加していったことである。

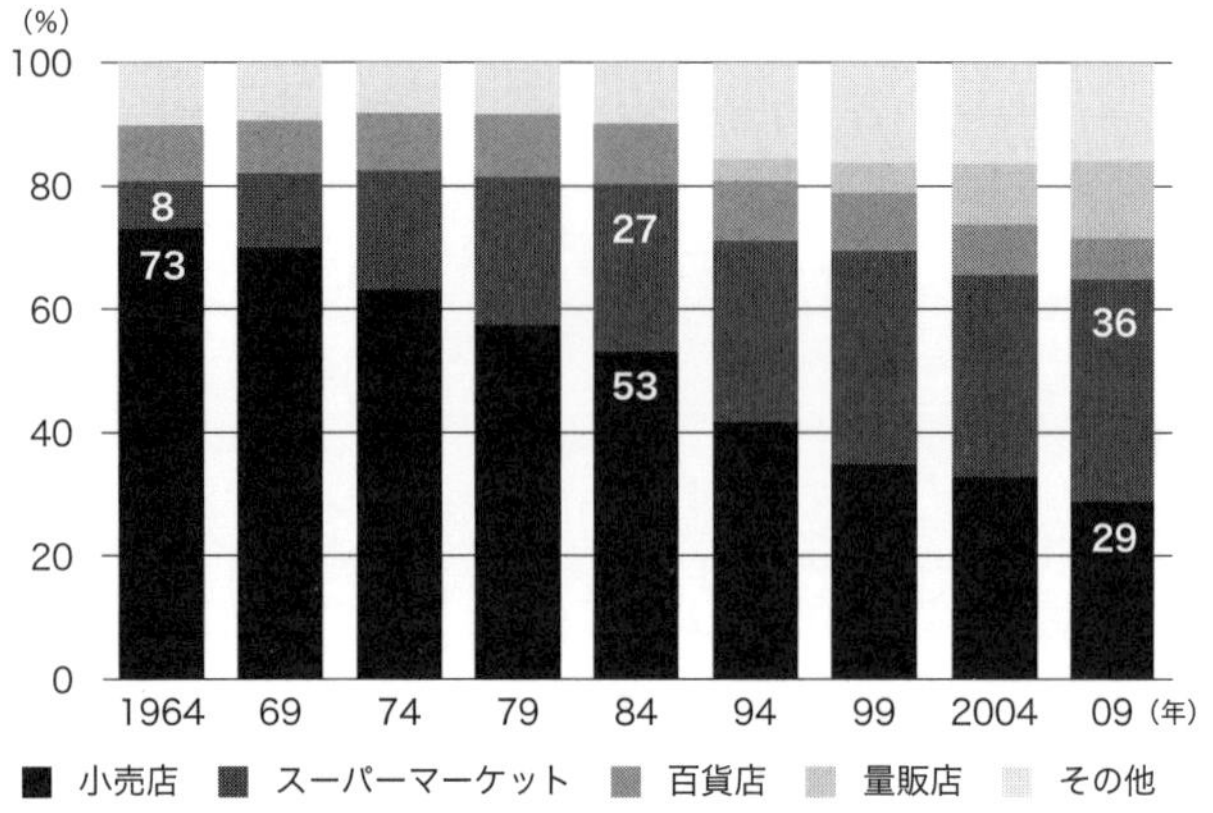


**図3・3**　消費支出の場所の変化
出典：総務省統計局「全国消費実態調査」より作成

人々が商品を購入する支出を場所ごとに分類した統計が中心市街地商店街の苦境を見事に反映している。小売店の売上は一九六四年には七三％であったが、急速に減少していき、四五年後の二〇〇九年には二九％となる一方、スーパーマーケットが八％から三六％に急増してきた。さらに最近ではインターネットの普及による通信販売などが勢力を拡大している。これらの変化はすべて都心の小型商店の撤退を加速する要因である（図3・3）。

住宅や商店が空家になっていくことは、住民が安価で便利な買物に傾倒していく結果であるが、これは商店だけの問題ではなく、放置しておけない社会問題の原因にもなる。問題を大別すると、老朽による建物の倒壊、放火による火災、不法侵入による犯罪、景観の悪化などになるが、空家が増加していけば、住宅地や商業地の価値を低下させていくことにもなり、地域としても放置できない事態となる。そのような事態に対処する努力をして成功している事例を紹介する。

## 自宅を改装してカフェを開店

栃木県鹿沼市はＪＲ東日本日光線が都心の東側、東武鉄道日光線が西側にあり、南側には東北自動車道の鹿沼インターチェンジがあるという交通利便の都市であるが、その繁栄は江戸時代初期に起因する。江戸幕府の初代征夷大将軍徳川家康の遺言により、日光の二荒山麓に家康の分霊を勧請した日光東照宮が建造された結果、そこへ毎年、京都の朝廷から幣帛《ヘイハク》を奉献するために勅使が通行する日光例幣使街道が整備され、鹿沼は宿場町として発展してきたという歴史をもつ。

日光東照宮の造営が完成してから、従事した大工などが鹿沼に定着し、さらに交通の要衝であったこと、周囲の森林から産出される木材の集積場所であったことの相乗効果で、明治時代以後、鹿沼は木工産業の都市として発展し、一九六四年には鹿沼木工団地も造成されるほどになった。それを象徴するのが江戸時代からの歴史があり、ユネスコの無形文化遺産にも登録された「鹿沼秋まつり」に披露される二七台の絢爛豪華な彫刻屋台である。

**写真3・1**　「カフェ饗茶庵」

一七〇〇年代後半に登場したと記録される屋台は日光東照宮の造営に手腕を発揮した大工たちが製作したもので、町内が競争で漆塗りの絢爛豪華な屋台を自慢していたが、老中首座水野忠邦による天保の改革の倹約令により、白木作りになったものの製造は継続していた。しかし、そのような栄光の時代は終焉し、日本の林業の衰退とともに鹿沼の人口も停滞、二〇〇〇年を頂点として人口減少に転向するとともに、全国の多数の都市と同様、商業地域の活気も停滞していくようになる。

そのような時代に登場したのが風間教司さんである。地元出身で大学時代は東京で生活するが、卒業した時期がバブル経済の崩壊した直後であったために東京では就職できず、鹿沼の地元企業に就職する。ところが、都心の商業地域は期待を裏切る閑散とした状態で、これを再興するために起業したいと模索する。しかし資金も経験も十分で

**写真3・2**　イベントスペース「花連」

はなく、ようやく都心の裏通りにある自宅を手作りで改装し、一九九九年に「カフェ饗茶庵」を開店した（写真3・1）。

これが最初の一歩であるが、一六世紀に廃城となった鹿沼城の遺跡の足元で鹿沼市役所に隣接しているという絶好の立地であるものの、住宅地域の小道から枝分かれした路地という不便な位置で、よほど物好きな来客しか訪問してこない場所であり、客足は期待できなかった。そこでホームパーティ形式で知人や友人を招待し、ウェブサイトで宣伝しているうちに、簡単には発見できないカフェとして評判になり、次第に来客が増加するようになった。

それらの来客のなかで、風間さんが手作りで開店したことに関心をもつ人々が開業の相談をするようになる。そこでひとまず手軽に商売を体験できる場所を提供しようと、二〇〇三年に隣接する庭付きの民家をイベントスペース「花連《ハナレ》」に改装し、毎月一回、一坪単位で出店できるようにした（写真3・2）。筆者が訪問したときも、手作りのアクセサリーの販売や、珈琲を提供する地元の人々が嬉々として商売をしていた。

さらに効果があったのがレストランの出店である。陶器で有名な県内の益子町のレストランで仕事をしていたシェフが鹿沼で開業したいと本気で風間さんに相談してきたのである。そこで二〇〇五年に「花連」に隣接する敷地にある祖父の住居を改装し、地域の野菜を使用するフレンチ・ベジタリアンレストラン「アンリロ」が開業した。路地の最奥にあり、普通には見過ごされる場所であるが、それが人気の理由にもなり、繁盛するようになる。

## 次々と拡大していく戦略

これらの相談の増加を背景に、二〇〇六年に風間さんが仕掛けたのが毎月第一日曜に開催する「ネコヤド大市」、さらに発展して一二年から開催するようになった「ネコヤド商店街」という催事である。ここでは出店を目指す人々が臨時の体験出店をできるとともに、役所も「街中宝探し」や「歴史建造物巡り」を開催して応援し、その相乗効果で毎回一五から三〇の臨時店舗が空き店舗を利用して出店し、結果として、この五年で市内に一五の店舗が常時開業するまでになった。

そのうち六店は都心の交差点角の空き店舗を改装した「テンジンナガヤ」に入居しているが、名物ニラソバが話題の「ずず」、雑貨とパンを販売する「アロマ・ミルフィオーレ」など、いずれも行列のできるほどの人気商店になっているし、付近にある生花店「ハナドコロ・エン」は日光にも支店を開設するほど成功している。軒並み空き店舗であった商業地域が着実に再興していることを実感させる状況である。

他人の出店を手助けしてきた風間さんであるが、自身でも次々と店舗を展開している。二〇〇九年に日光市今市の玉藻小路に「日光珈琲」、一一年に鹿沼の中心にある今宮神社の参道に「日光珈琲朱雀」、一三年に日光市本町に「日光珈琲御用邸通」を開店していく。しかし、新規の商店と地域の既存の商店とが連携しなければ商業地域全体の発展はないと、新旧の店主が一緒に構想を検討する「ダンナヴィジョン」を設立し、地域全体で地域再生に取組む体制を構築した。

そして最新の事業が「中野屋旅館本店再生プロジェクト」である。中野屋は江戸時代から一三代続いた老舗の旅館で、建物は例幣使街道沿いにある昭和初期の風情のある木造建築であるが、交通が便利になるとともに宿泊客数が減少し、廃業することになった。そこで日曜休日に人々が買物に来訪するだけではなく、地元で宿泊してくれることが重要だと構想していた風間さんが、旅館を若者や外国人相手の宿泊のみの施設にしようと営業を開始した。

これまでの風間さんの努力が地域の人々を結束させているだけではなく、外部の人々をも誘引する効果があることを証明するのが、この旅館を運営する女将である。プロダクトデザインを職業とする女性が、日光への旅行の途中で鹿沼に立寄ったときに地域に魅了されて長期滞在し、風間さんの会社に就職して東京の宿泊施設で修行し、女将になることになった。外部にまで効果が拡張しはじめたのである。

## 協力しはじめた行政

このような努力によって増加してきた新規商店と既存商店との協力という民間の活動が地域を変革しはじめたのであるが、行政も呼応して応援を開始している。「空き店舗等活用新規出店支援事業」という役所らしい名称であるが、空家を活用して出店する場合、最初の三年は家賃を補助する制度を用意し、資金のない若者が起業することを容易にした制度であり、この制度を利用して出店する店舗が増加しはじめている。

さらに来訪者数の増加に貢献しているのが「まちの駅」である。全国の主要道路に設置されている「道の駅」、河川に設置されている「川の駅」は政府主導の施設であるが、「まちの駅」は民間団体の発想で出現した施設で、商店など既存施設の一部を利用して無料で休憩できる場所を用意し、そこで道路案内や観光案内もすることを目的とする仕組である。全国に一五〇〇以上が存在するが、鹿沼市内には九四の施設が存在し、設置数日本一になっている。

## 地域再生に必須の情熱

ある日曜に見学してきたが、全国各地にある壮大な屋根のある中心商店街ではなく、地図でもなければ発見できない都心一帯に分散した商店で形成される商店街。デザイナーが設計した派手な店舗ではなく手作りで改装した質素な木造商店。販売されている品々も外部から仕入れた商品ではなく自作の製品。

一流の商店街とは大変な格差のある地域に多数の人々が散策している様子は時代の変化を実感させる光景である。

全国に五〇〇〇はあると推定されている衰退した商業地域のなかで、このネコヤド商店街が再生した第一の理由は地元出身の若者が自分の故郷を自分の生活したい空間にするという情熱である。それは商業地域に外部の人々を誘致して商売が活発になるという目先の利益ではなく、その効果によって鹿沼という、かつては繁栄していた都市を内外、新旧、官民の協力によって再度元気にするという明確な目標の効果である。

これまで衰退しはじめた各地の商業地域は、政府の資金補助を期待し、外部のコンサルタントに計画を依頼し、専門の建築家に改装を依存するのが常道であった。それらの人々は能力があるにしても、地域を熟知せず、地域に定着するほどの愛情もなく、期待した結果を実現できなかった事例が多数存在する。それとは対極にあるような情熱にあふれる一人の人物が出現すれば、地域は劇的に変化するということを風間さんの活動が証明している。

# 第4章　施設転換
## ——クラゲが救世主となった水族館（山形県鶴岡市「加茂水族館」）

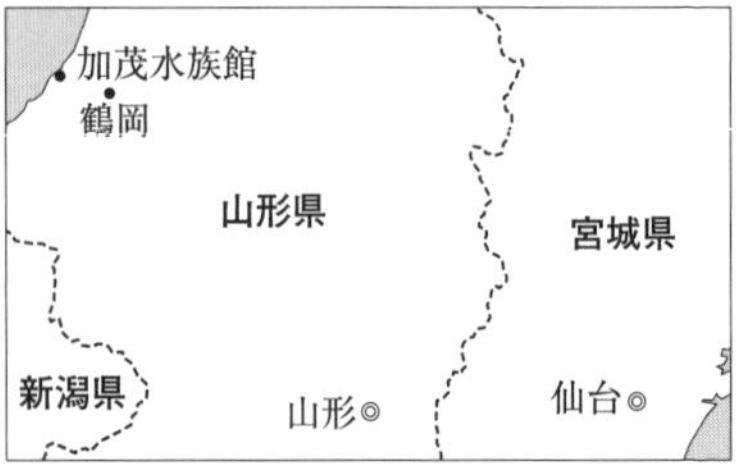


### 古代から存在した水族館

水族館は魅力ある施設であり、すでにローマ帝国時代に存在していた。鈴木克美『水族館』（法政大学出版局、二〇〇三）によると、紀元七九年にヴェスヴィオ火山の噴火で埋没してしまった都市ポンペイの住宅の内部には水槽があり、そこにウツボを飼育していたといわれる。これは鑑賞だけではなく食用にする目的もあった。古代中国で紀元前四七〇年に出版されたとされる『養魚経』にはコイの飼育方法が説明してあり、日本でも紀元七二〇年発行の『日本書紀』に貴族が鑑賞目的でコイなどを飼育していたことが記述されている。

これらは鑑賞用人工池の上部から魚類を鑑賞する方式であり、ガラスの水槽で側面から鑑賞するようになった最初は一七世紀のロンドンとされる。当時はアクアリウムではなくヴィヴァリウムという名前が一般であったが、それらは現在の住宅の居間などに設置されている水槽程度の規模で、そうであれば、一八世紀の江戸時代に流行した金魚鉢も水族館の先駆といえる。しかし、水族館という名前で連想される公開の施設が登場するのは一九世紀になってからである。

最初は一八五三年にロンドンのリージェント・パークの動物園内に建設されたヴィヴァリウムという施設である。当時の新聞記事によると、室内の卓上に横幅一・八メートルほどのガラスの水槽が一四個設置され、魚類以外に、エビ、カニ、ホヤ、ヒトデ、イソギンチャクなどが飼育されていたらしい。これが刺激となって、ヨーロッパ諸国で水族館の建設が流行し、一九世紀だけでもパリ、ベルリン、ハンブルク、ブリュッセル、アムステルダムなど二〇以上の都市に実現した。

それらのなかでも最大であったのがザ・クリスタル・パレス・アクアリウムである。一八五一年にロンドン郊外で開催された世界最初の万国勧業大博覧会の会場となったクリスタル・パレスを解体してシャイデナムに移設し、七一年に開設された施設である。残存している設計図書によれば、合計六〇個の水槽を二列に設置し、最大の水槽は約六メートルの横幅で、一万五〇〇〇リットルの海水を循環させて海水魚を展示していた。

このように一旦流行になると、当然、規模競争になり、翌年の一八七二年にはロンドンの七〇キロメートル南にある保養地として有名なブライトンにロンドンを上回るブライトン水族館が登場する。最大の水槽は横幅三〇メートルという巨大な規模であった。さらにヨーロッパの流行はアメリカに伝播し、八八年からワシントン、ボストン、ウッズホール、サンフランシスコ、ニューヨークなどで次々と開館するようになる。

## 水族館大国・日本

そのような情報が日本に伝播した最初は、徳川幕府が一八六二年に派遣した文久遣欧使節に通訳として同行した福澤諭吉がパリの動物園内の水族館を見物し、『西洋事情』(一八六六)に紹介した文章である。さらに明治政府が七一年から七三年にかけて総勢一〇七人を派遣した岩倉具視使節団もロンドン、ブライトン、ベルリン、アムステルダムの水族館を見物して大変に関心をもち、『特命全権大使米欧回覧実記』(一八七八)に記録している。

このような情報を背景に、一八八二年に東京の上野公園に建設された教育博物館の付属施設として恩賜上野動物園が併設され、その内部に水族館が実現した。当時は「うをのぞき」という名称で、平屋の建物の内部に一〇個の水槽を併置し、当初は淡水魚だけを飼育していた。八五年には東京の浅草に民営の浅草水族館が実現し、ここでは海水魚も飼育されていた。それ以後、水族館は学術研究と鑑賞の両方を目的として日本各地に建設されていくことになる。

現在、世界では水族館の建設が流行している。世界動物園・水族館協会(WAZA)によると、世界

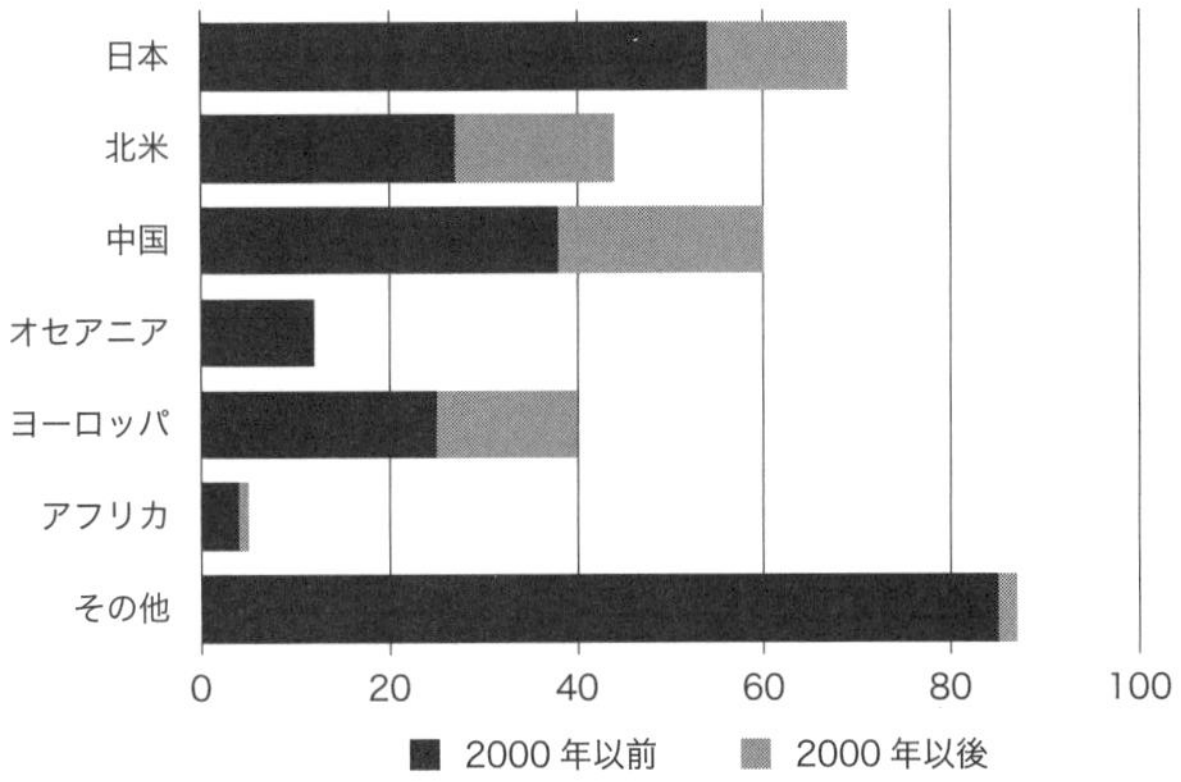


**図 4・1　水族館の分布**

出典：世界動物園・水族館協会「ターニング・ザ・タイド：保全と持続性のための世界水族館戦略」(2009 年) より作成

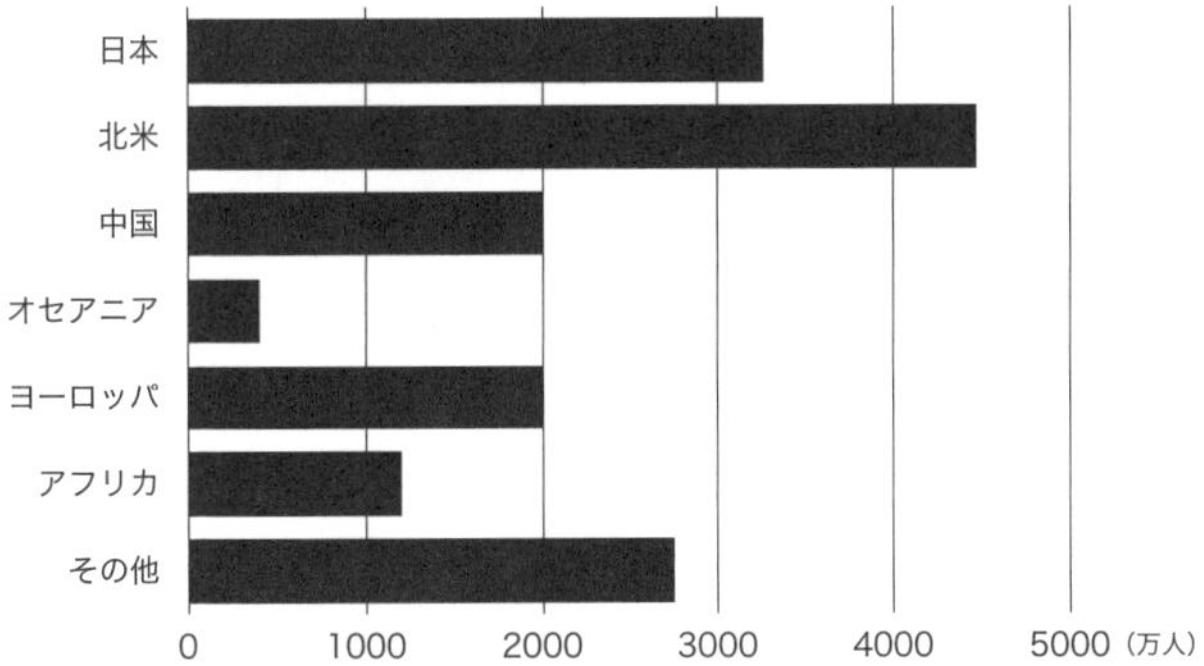


**図 4・2　国別の入館者数**

出典：世界動物園・水族館協会「ターニング・ザ・タイド：保全と持続性のための世界水族館戦略」(2009 年) より作成

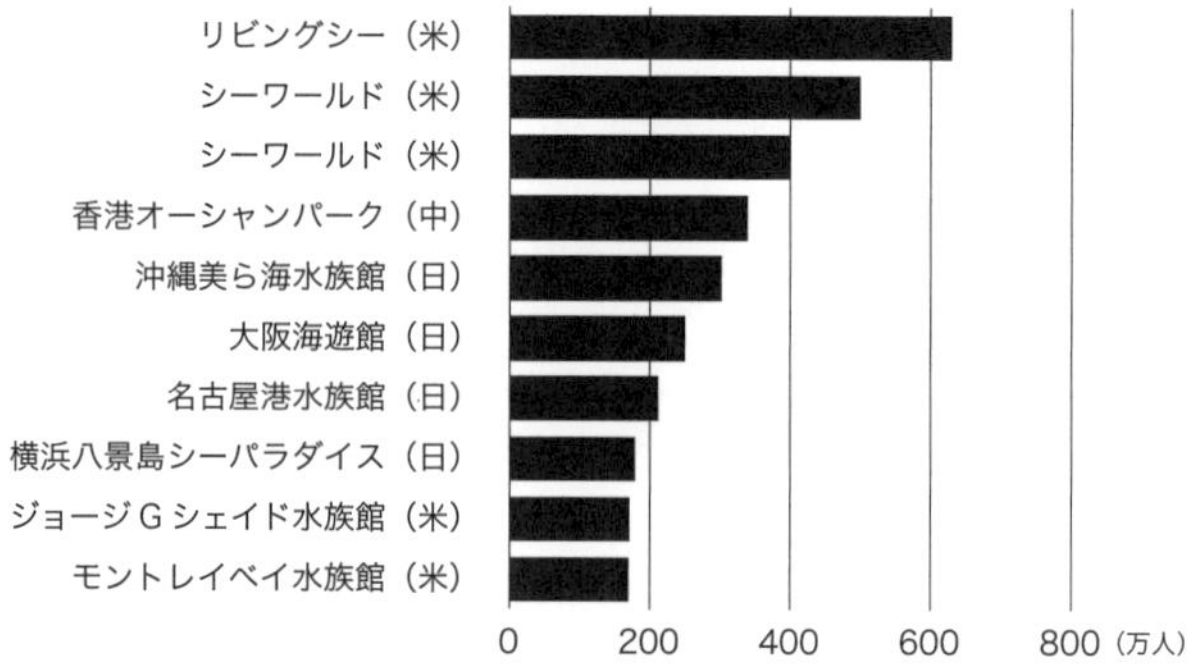


**図4・3**　水族館の入館者数

出典：世界動物園・水族館協会「ターニング・ザ・タイド：保全と持続性のための世界水族館戦略」（2009年）より作成

には独立した水族館が二二八館、動物園と併設の水族館が一三二館存在するが、そのうち二〇〇〇年以後に新設された独立の水族館は一四〇館にもなっている。そのような動向のなかで、日本に存在する水族館は世界最大の六七（併設二）であり、二位の中国の六〇（併設ゼロ）、三位の北米の四〇（併設二三）を上回っている（図4・1）。

人口あたりに換算すると、日本は一九〇万人あたり一館、北米は八九〇万人あたり一館、中国は二三一〇万人あたり一館であり、日本の館数が際立っている。年間の入館者数は北米が四二五〇万人、日本が三二六〇万人、中国が二〇〇〇万人であるが、人口総数あたりの比率にすると、日本が二六％、北米が一二％、中国が二％であり、日本で水族館に人気があることが理解できる（図4・2）。さらに入館者数の上位一〇位までで、日本の水族館は五位から八位を占有している（図4・3）。

## クラゲに特化した水族館の登場

**写真 4・1**　2014 年に完成した「加茂水族館」(新館)(写真提供：加茂水族館)

このような水族館大国日本の注目すべき水族館を紹介したい。山形県の日本海側の庄内平野の中心都市である鶴岡の中心から真西に一五キロメートルほどの海岸に加茂漁港がある。全国各地のどこでも見掛ける小振りの漁港であるが、二〇一四年六月、この漁港に隣接する土地に巨大な純白の扁平な建物が出現した。海上から遠望すると正体不明の飛行物体が着陸したような外観であるが、これが日本全国で話題になって観客が殺到している「鶴岡市立加茂水族館」の新館である(写真4・1)。

観客殺到という表現は誇大ではない。二〇一五年の国内の水族館の入場者数の順位は一位が沖縄美ら海水族館の三四〇万人、二位が大阪の海遊館の二四五万人、三位が名古屋港水族館で二〇五万人、四位が新江

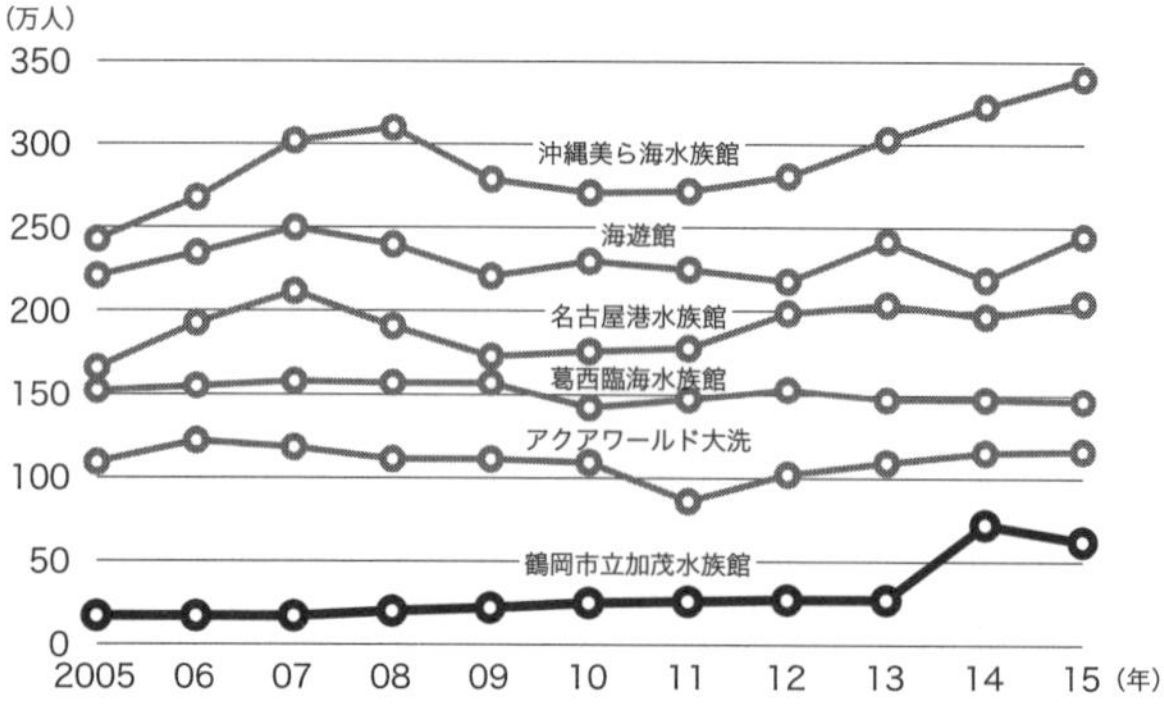


**図4・4　水族館入館者数**

出典：sougouranking. net(http://sougouranking.net/ranking/nyujyou_aquarium/)より作成

ノ島水族館の一八三万人、五位が横浜八景島シーパラダイスの一五九万人である。別格の沖縄美ら海水族館以外は大阪、名古屋、横浜という巨大都市に存在する施設であるから、多数の入館者数があるのは当然である。

ところが鶴岡という人口一三万人の地方都市の中心から一五キロメートルもある辺鄙な海岸に位置する加茂水族館は新館が開館した二〇一五年六月から年末までの半年で入館者数が七〇万人になり、年間に換算すると一〇〇万人を突破した。これは日本で一〇位前後に相当し、世界でも一八位から一九位になる(図4・4)。その秘密は新館の前面に設置された館名の石碑にある(写真4・2)。そこにはアカクラゲの巨大な雄姿が表示されているように、クラゲに特化した水族館なのである。

## 五〇年間の悪戦苦闘

しかし、最初からクラゲを展示していたわけではなく、そこに到達するまでには苦難の歴史がある。戦前の一九三

**写真4・2**　クラゲが象徴する「加茂水族館」

○年に地元有志により、東北地方で最初の「山形県水族館」が建設されたが、四四年に建物が軍部に徴用され海軍の訓練施設になってしまった。戦後になって返還されたが、建物は新設の山形県立加茂水産学校に転用、ようやく五六年に鶴岡市立加茂水族館として再開され、六四年に新館が建設された。

展示内容は平凡で、水槽に魚類が遊泳し、屋外にペンギン、ペリカン、ウミガメなどが飼育されている程度であったが、東北地方で最初の水族館で、しかも地方に十分な娯楽施設もない時代であったため、修学旅行の対象にもなって、入場者数も年間二〇万人以上になった。そのような状況の一九六七年に、水族館は民間の庄内観光公社に売却されて「庄内浜加茂水族館」になり、前年に入社したばかりで二七歳の村上龍男さんが職員のなかの最年長というだけで、館長に抜擢されることになった。

これが二〇一五年三月に退任するまで約半世紀にわたる苦難の館長人生の出発であった。就任の翌年には入館者数が二一万七三七二人と過去最高となったものの、利益は庄内観光公社が同時に経営するヘルスセンター「満光園」の赤字の補塡に流用され、客数も減少していく。その結果、新規の投資もできないため、東北地方に次々と新設された水族館に客足が移動し、一九七一年には一旦閉館となり、全従業員が解雇という事態になってしまう。

この危機に元従業員四名が自費で細々と運営していたところ、地元の新聞『荘内日報』の記事にもなったため、市民の寄付などもあり、翌年三月には経営の見通しもないまま再開される。六月には東京の民間企業が負債を引受け、一息つくが、一九七四年には入館者数が一五万人以下に低下したうえ、さらなる困難が登場する。まず鶴岡駅から水族館付近の海岸まで運行していた私鉄の庄内交通湯野浜線が七五年に廃線になり、公共輸送手段が消滅した。

最大の危機は翌年の強風であった。一〇月に有名な酒田大火をもたらした最大風速三五メートルの強風で高波が発生し、日本海に直面している施設は大幅に破壊されたうえ、人気のあったアシカも死亡してしまう惨状になる。一九九三年にはわずかな資金でラッコを購入して展示するが、それも効果がなく、ついに九六年に入館者数が一〇万人以下になるという衝撃の事態に直面する。その時期の苦境を証明する話題がある。

あるとき、水族館のプロデューサーとして著名な中村元氏が隠密の調査のために来館した。同氏は各地の水族館を三段階で評価し、自身のホームページに発表していたが、来館からしばらくして発表された加茂水族館の評価は三段階外になっており「特別に特徴のない、なくてもいい水族館である」と記載されていたそうである。日本動物園水族館協会に加盟する七〇ほどの施設の最下位というわけであった。そして一九九七年には入場者数は過去最低の九万人になってしまった。

## クラゲで一点突破して変身した水族館

この最低の状態になったときに奇跡が発生した。一九九七年、アシカのトレーナーとして就職していた奥泉和也さん（現在の館長）が珊瑚を展示していた水槽に四ミリメートルほどのサカサクラゲの幼生が三〇匹ほど遊泳していることを発見する。それを採集して飼育し、数センチメートルほどになった状態で展示したところ意外な人気になった。当時はクラゲの飼育は困難というのが常識であったが、専門の学者の指導により飼育に成功し、クラゲを展示の中心にしようと構想する。

海外から高価なクラゲを購入する予算もないので、眼前の日本海に館長自身が小舟で乗出し、アカクラゲ、カギノテクラゲ、スナイロクラゲなどを採集し、手作りの簡素な水槽で展示しはじめたところ、バブル経済が崩壊して社会が不況の時期となり、人々がやすらぎを期待していた気持ちと、ゆらゆら浮遊するクラゲの様子が合致し、客数が次第に増加してきた。そして二〇〇〇年には再度、一〇万人を突破するまでに回復してきた。

そこで徹底してクラゲ路線を突進しようということになり、二〇〇〇年にはクラゲ展示室を設置して

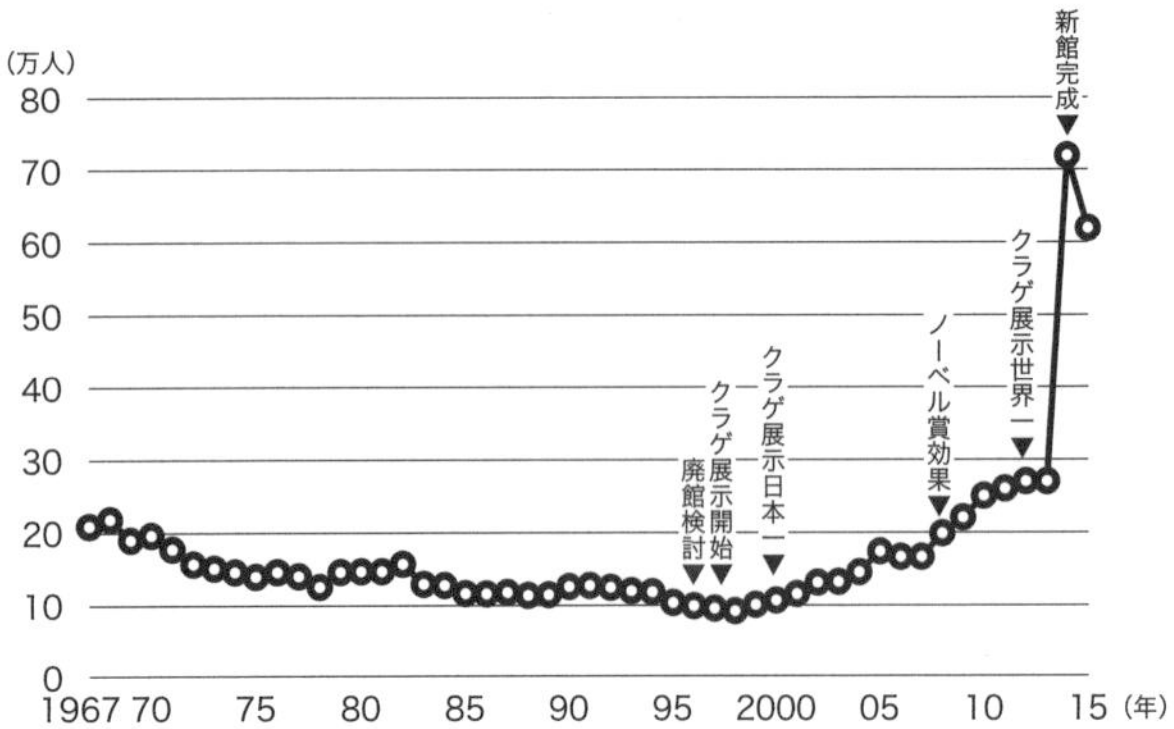


**図4・5　入館者数の推移**
出典：鶴岡市立加茂水族館資料より作成

自前で収集した一二種類のクラゲを展示した。これは当時の日本最多であった。さらにクラゲ展示室の愛称を公募し、地元の小学校二年生の投稿した「クラネタリウム」を採用する。そして悪乗りのようであるが「クラゲを食べる会」を発足させ、クラゲアイス、クラゲ饅頭、クラゲ羊羹などを発売し、〇六年には館内にクラゲレストランまで開設した。

これは日本海を北上する直径二メートル、重量一五〇キログラムにもなる巨大なエチゼンクラゲが漁業被害をもたらして悪者になっていた時期に合致し、その悪者を食用にするということで話題になり、水族館の名前を有名にした。このような動向を反映し、二〇〇二年に鶴岡市が施設を買戻し、名称が再度「鶴岡市立加茂水族館」になる。そのような努力の結果、入館者数は増加に反転し、〇五年には一七万人まで回復した。

しかし世間は単純ではなく、回復しはじめた入館者数が翌年から一六万台に低下しはじめてしまう。ところが今回もクラゲが救済してくれた。アメリカ在住の下村脩博士がオワンクラゲの発光の素材である緑色蛍光タンパク質を発見したことで二〇〇八年にノーベル化学賞を受賞された。その時期にオワンクラゲを飼育していたのは加茂水族館だけであったため、全国のマスメディアが殺到し、意図せずして宣伝してくれたのである。

そこで一気に有名になった水族館に人々が殺到し、翌年には二二万人、以後、二五万人、二六万人と急速に増加していった。そして二〇一〇年には館長の依頼を快諾した下村博士夫妻が一日館長として水族館を訪問され、翌年には日本最多であったクラゲの展示種類が世界最多になり、ギネスブックにも登録された。一一年には東日本大震災が発生したが、それにもかかわらず、入館者数が二七万人突破という開館以来の最高になった。

## 神様がクラゲに変身して成功させた水族館

経済分野にV字回復という言葉がある。低下してきた企業の業績が上昇に反転する様子をグラフにすると、アルファベットの「V」のようになる状態を表現する言葉である。弱冠二七歳で館長になってしまった村上館長の半世紀の悪戦苦闘の足跡は、入場者数で表現すれば、一九六八年の二二万人から急速に降下し、最悪の九七年には九万人にまで低下するが、二〇一二年には二七万人と三倍に躍進し、見事なV字回復である（図4・5）。

その仕上げとして挑戦したのが新館の建設である。筆者は旧館を何度も訪問しているが、約五〇年が経過した建物は潮風の影響もあり劣化しており、無名といっても過言ではないほどの小水族館であった。

クラゲの恩恵で入場者数こそ二〇万人を突破したとはいえ、数百万人を集客する大水族館とは質量とも比較にならない施設である。そこで開館以来、最大の入場者数を実現したことを契機に建替え議論が登場したのは当然であった。

二〇〇七年に新館建設の方針が決定したが、実際に着工が開始されたのは一二年秋のことであった。ここで再度、奇跡が発生した。建設費用の一部を鶴岡市が発行する五年償還の公債（加茂水族館クラゲドリーム債）を一般公募で調達することになった。第一回の発行は総額三億円で一口二〇万円、一人あたり上限は二〇〇万円で、先着優先で公募した。利率は〇・二六六％で、銀行の定期預金よりはいいという程度である。

しばらくして村上館長に電話して、自分も応援のために購入したいと連絡したところ、募集開始の当日は市役所に電話が殺到し、発売開始後一五分で完売になってしまったということであった。大変な人気なので第二回として六億円分を発行し、今回は抽選で買主を決定することにしたが、六倍の三五億円の応募があったそうである。多数の人々が利益のためにではなく、応援する気持ちで購入したはずである。

この成功は豪華な建物を建設したり、高価な装置を導入した結果ではなく、眼前の海中から無料で入手できる足元の宝物を発見して地域創成を実現した典型である。エチゼンクラゲが漁業の邪魔になり、アンドンクラゲが海水浴場の迷惑になるように、クラゲは一般に歓迎されない存在である。しかし、それを地域どころか世界に周知される宝物に変貌させたのが村上館長をはじめとする館員の情熱と意志である。ここに地域創成の秘訣がある。

新館の開館からしばらくして殺到する観客の対応に多忙をきわめている館長を訪問したことがある。新館の目玉、約五〇〇〇匹のミズクラゲが浮遊する直径五メートルの巨大な水槽を背景にして、自分の土地家屋を担保にして借金までした苦労、口出しする役人との軋轢の苦労など、五〇年間の苦労の思い出話の最後に、「クラゲは姿を変えて助けにきた神様」という館長の言葉が波乱万丈の人生を象徴していた。

# 第5章　観光転換
## ――子供の間食で発展した諧謔精神（静岡県富士宮市）

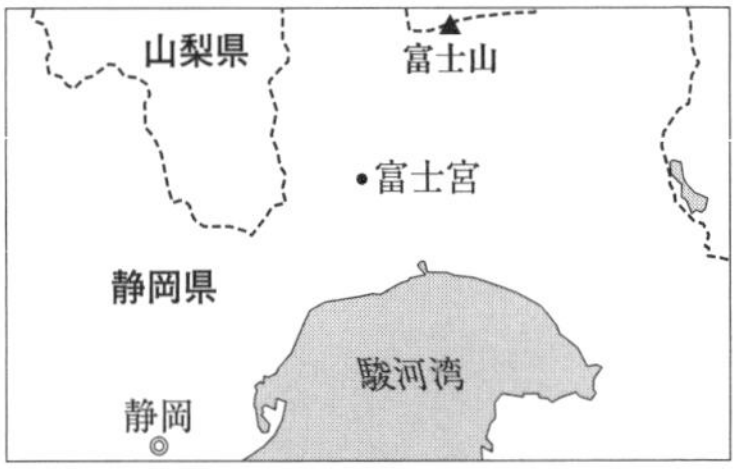


### 浅間大社に匹敵する宝物誕生

一九六〇年にエジプトのガマール・アブドゥル＝ナセル大統領がナイル川の中流域に河川の氾濫防止と下流の灌漑用水の確保を目的とする巨大なアスワン・ハイダムの建設計画を発表した。七〇年に完成し、ダムより上流五五〇キロメートルにまで到達する広大な湖水（ナセル湖）が出現し、付近にある先住民族ヌビアの遺跡アブ・シンベル神殿が水没してしまうという危機が出現した。そこでユネスコは世界からの基金により、その一部を上方に移設してなんとか残存させることに成功した。

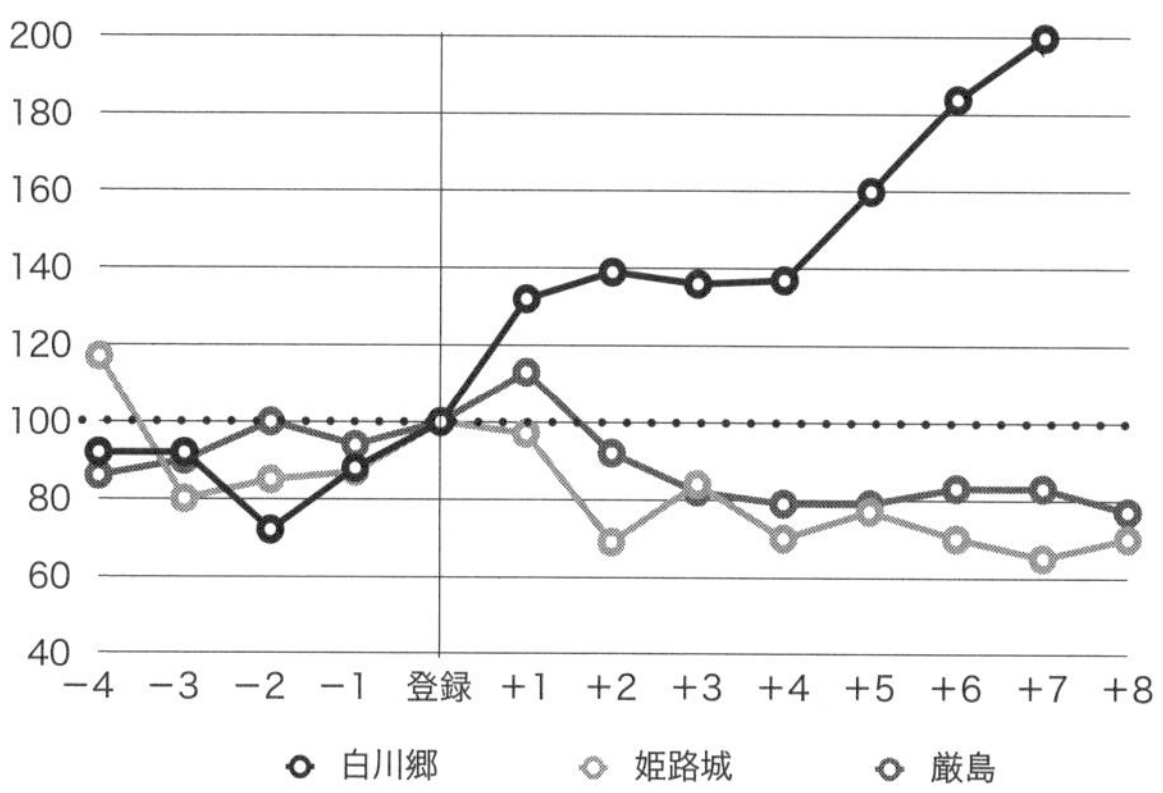


**図5・1**　世界文化遺産効果（登録年を100とする）
出典：各種資料より作成

この経験から、貴重な遺跡や自然を保護しようと、一九七二年に世界遺産制度が誕生し、七八年にガラパゴス諸島、イエローストーン国立公園など四件の自然遺産と、クラクフ歴史地区、アーヘン大聖堂など八件の文化遺産が登録された。現在（二〇一七年七月）までに、世界全体で八三二件の文化遺産、二〇六件の自然遺産、三五件の複合遺産が登録されている。日本には厳島神社や石見銀山など一七件の文化遺産と白神山地や知床半島など四件の自然遺産が存在し、登録数では世界一二位である。

現在も国内で世界遺産登録を目指す自薦他薦の活動が活発である。その本来の目的は地域の貴重な文化資産や自然景観を後世まで継承したいということであるが、有名になることによって観光など地域振興に役立てたいという本音もある。登録されれば、そのような効果が発揮されると期待されるが、意外にも登録されて以後、観光客数は増加しないどころか、減少している世界遺産が多数存在するのである。

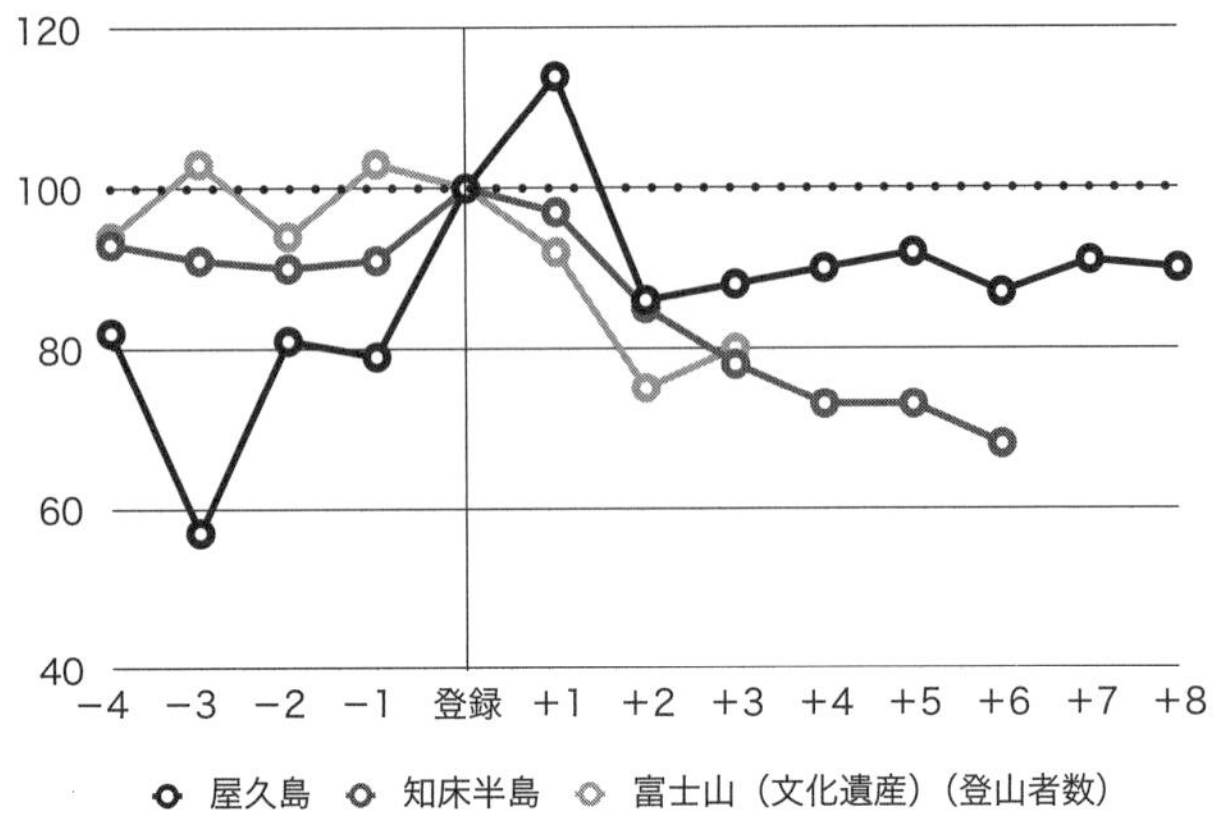


**図5・2**　世界自然遺産効果（登録年を100とする）
出典：各種資料より作成

登録された年の観光客数を一〇〇として、五年が経過してからの観光客数を計算してみると、増加した事例は「白川郷・五箇山の合掌造り集落」の一六〇、「琉球王国のグスクおよび関連遺産群」の一一六などあるが、減少した事例は「姫路城」の七七、「厳島神社」の七九、「石見銀山遺跡とその文化的景観」の五八など数多く存在する（図5・1）。自然遺産も同様で「屋久島」は五年で九二、「知床半島」は七三と減少している（図5・2）。観光資源の箔付けにはならないのである。

理由の第一は旅行会社の営業方針の影響である。ある場所が世界遺産の候補になりはじめると団体旅行の企画が増加し、観光客数も増加する。しかし最近のように数年ごとに新規の世界遺産が登場すると、そちらへ旅行対象が移動してしまう。第二は観光の主流が高齢者層になっているため、バスなどで到達できる場所は人気があるが、白神山地や熊野古道のように簡単に到達できないうえに、徒歩で移動しなければ観光できない場所は敬遠さ

**写真5・1**　富士山本宮浅間大社（写真提供：渡邉英彦）

れることである。

富士山というと登山が連想されるが、二〇一三年に登録された富士山は正式には「富士山——信仰の対象と芸術の源泉」という文化遺産である。『万葉集』以来、多数の文学や絵画の対象となっているし、富士修験や富士信仰の霊場でもあったことを反映している。その登録の祝賀式典で来賓の一人が、自分の土地を世界遺産に登録していただき感謝すると挨拶された。富士山本宮浅間大社の大宮司で、富士山の八合目以上の約四平方キロメートルの土地は最高裁判所も認定している浅間大社の境内なのである。

浅間神社という名前の神社は全国に約一三〇〇社が存在するが、その頂点にあるのが富士山本宮浅間大社で、有史以来、何度も噴火の記録がある活火山の富士山を鎮撫するため、

**写真5・2**　富士宮やきそば

第一一代垂仁天皇が紀元前二七年に創祀されたという伝承をもつ由緒ある神社である（写真5・1）。その住所は静岡県富士宮市宮町一丁目一番地ということからも推測できるように、富士宮市は浅間大社を中心に発展してきた門前町そして宿場町であった。

江戸時代には「江戸八百八講」といわれるほど多数の富士登山のための富士講が組織され、御師《オシ》といわれる人々が宿泊や登山の世話をしていた。その参拝登山の様子は葛飾北斎の「富嶽百景」や「富嶽三十六景」に描写されているように、最近の登山に匹敵するほどの混雑であった。このように富士宮市では浅間大社が外部の人々を吸引する源泉であったが、その創祀から約二〇〇〇年が経過した二一世紀初頭、突然、新規の引力の源泉が登場した。

## 巨大な経済波及効果

「富士宮やきそば」である（写真5・2）。筆者はこれまで二度、本場で食べたことがあるが、歯応えがあるという特徴以外、失礼ながら逸品というほどの味覚ではない。それは当然で、元来は市内の駄菓子屋の店頭で子供相手に手軽に調理していた間食にすぎないからである。現在でいえば、ハンバーガーかフライドチキンに相当する。ところが最近、連日のように「富士宮やきそば」を目指す観光客を満載した観光バスが到来する名物に豹変した。

その秘密を紹介する前に、豹変の実態を、地域デザイン研究所が推計した二〇〇一年から〇九年まで九年間の累計数字によって紹介する。「富士宮やきそば」目当ての観光客数が県内から一二六万人、県外から二一九万人、合計三四五万人であり、平均では年間三八万人になる。浅間大社の新年の参詣客数二五万人に匹敵する数字である。それらの人々の消費金額が二三二億円で、年毎に急速に増加しているから平均にそれほど意味はないが、年間二三億円になる。

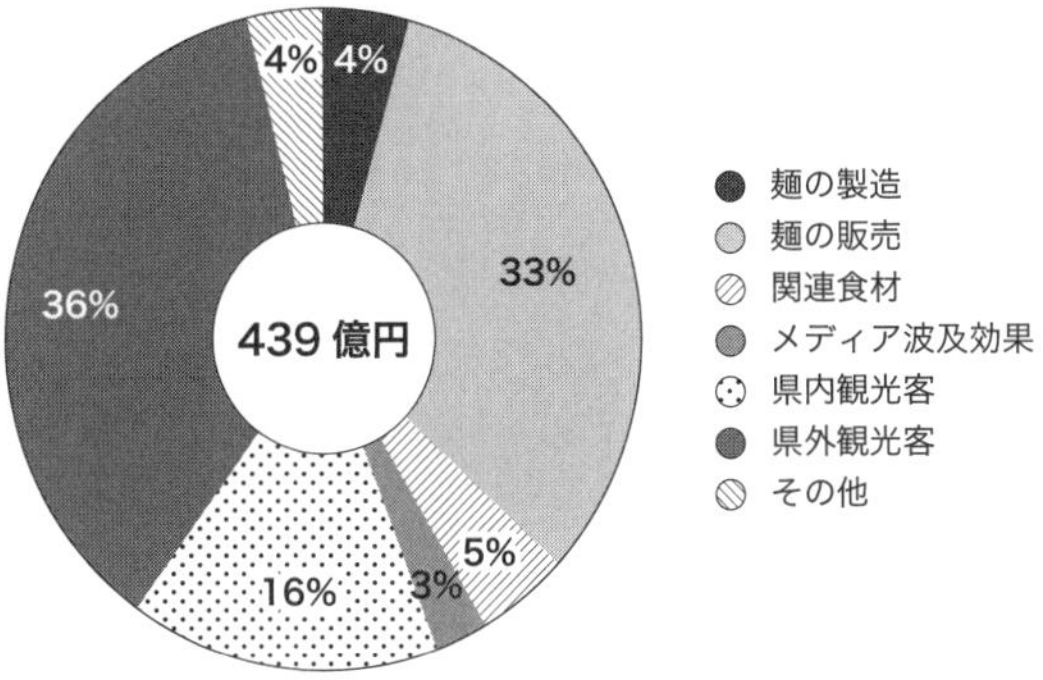


**図5・3**　富士宮やきそば経済効果（2001-09年）
出典：（株）地域デザイン研究所

「富士宮やきそば」を名乗るためには、市内の製麺所の製品を使用することと規制した効果により、それ以前に比較して麺の販売は三五五〇万食、金額にして八二億円の増加、即席麺は六三億円の増加、キャベツ、ソース、ベニショウガ、アオノリなど関連食材が一八億円の増加になっている。さらに後述のように、マスメディアに頻繁に紹介されるようになったことによる宣伝効果は一二億円になり、経済波及効果の合計は四三九億円、一年あたり四九億円という巨額になっている（図5・3）。

参考までに、二〇一七年度の富士宮市の当初予算は四一四億円であるから、その一割以上に相当する金額である。かつては一〇円玉一個の子供の手軽な間食が巨大産業になっただけではなく、二〇〇〇年以上の由緒ある富士山本宮浅間大社と日本の滝百選に選定され世界遺産の構成要素にもなっている白糸の滝に比肩できる富士宮市の観光資源に浮上した。それは偶然ではなく、秘密兵器と秘密弾丸の結果である。

## 諧謔精神により誕生した名物

秘密兵器は地元で保険代理店業を経営している渡邉英彦さん、秘密弾丸はオヤジギャグ、高尚に表現すれば諧謔精神である。富士宮やきそばが観光資源になった出発は、地域の青年会議所理事長の経験もある渡邉さんが中心となり、市役所の職員などと富士宮市を元気にする活動を検討していたとき、静岡県内の大半の都市では人口一万人あたりやきそば店が一、二軒であるのに、富士宮市には七、八軒も存在するという事実の発見である。

それを観光資源に発展させる戦略もないまま、地元のNHKに連絡すると、紹介するということになり、急遽、「富士宮やきそば学会」という組織があり、当時一三名の学会員は「やきそばG麺」と名乗って、地元で調査活動をしているという話題を創作することになった。渡邉さんの謹厳実直な外見が効果を発揮し、学会会長と名乗っても大半の人々が信用するが、出発時点では地域を元気にしたいという意欲は十分にある仲間の集合というだけのことであった。

そこで二〇〇〇年一一月二九日に嘘から出た誠の学会が設立され、即席の調査で「富士宮やきそばマップ」を制作、のぼり旗も作成して市内のやきそば店の店頭に立てるという活動が次々に進展していった。NHKの番組による紹介の効果は絶大で、その影響で地域の民間放送各局も次々と紹介するようになった結果、翌年のゴールデンウィークには、のぼり旗を目指して観光客が殺到するという騒動になった。

この程度の成果では満足しないのが渡邉さんで、天才的戦略家ともいうべき才能を発揮し、次々と作戦を展開していく。富士宮市へは東名高速道路の富士インターチェンジから西富士道路を利用する便利な路線があるが、学会が当時の日本道路公団に申請し、サービスエリアで「麺許皆伝やきそば道」というパンフレットを配布する快挙も実現した。これによって富士宮やきそばの売上が増加し、道路の通行量も二%増大するという双方に利益をもたらす結果になった。

さらに全国規模で有名になったのが、二〇〇一年に富士宮青年会議所創立三〇周年記念行事として開催された「復活大宮の市」である。この会場で長さ六メートルの鉄板と長さ二メートルのヘラを使用して、富士山の高さにちなんだ三七七六人分のやきそばを調理し、来場者に無料でご馳走するという目玉行事を実行したところ、これもマスメディアで報道され、無料の大盤振舞に観光客が殺到する成功行事になった。

## 富士宮から全国への飛躍

地域を制覇したため、さらなる仕掛は全国展開になる。地元料理による地域振興は全国に多数あり、やきそばだけでも、秋田県横手市、群馬県太田市が開始していた。そこで三市の交流行事をしようと、それぞれのやきそばを自慢する行事を実施することになった。ここでも渡邉さんのオヤジギャグが炸裂し、交流を「三者麺談」、成果を「三国同麺協定」として発表したところ、それほど新味のない地域交流もマスメディアが紹介する行事となった。

さらなるオヤジギャグが爆発する。北九州市小倉は「焼うどん発祥の地」と自称してきた。そこで「富士宮やきそば」と対決しようという話題が浮上し、二〇〇二年一〇月に小倉で「天下分け麺の戦い」が実現し、佐々木小次郎と宮本武蔵の決闘で有名な巌流島のある下関市長が行司となり、味見した四〇〇名の投票により判定したところ、五票の僅差で小倉の勝利となった。勝敗は問題ではなく、三〇社以上のマスメディアで宣伝される成功行事となった。

これでオヤジギャグが涸渇するはずもなく、二〇〇五年に実現したのが「ヤキソバスツアー」である。大手旅行会社に浅間大社や白糸の滝の見学のついでに富士宮やきそばを賞味するバスツアーを提案し、参加者には「麺財符」と名付けた食事券を渡し、市内の「麺税店」で食事ができるようにしたところ、五月には二三台の大型バスに分乗した約一〇〇〇名の観光客が到来する成功となり、以後、累計で一〇万人を超えるバスツアー客が来訪する事態にもなった。

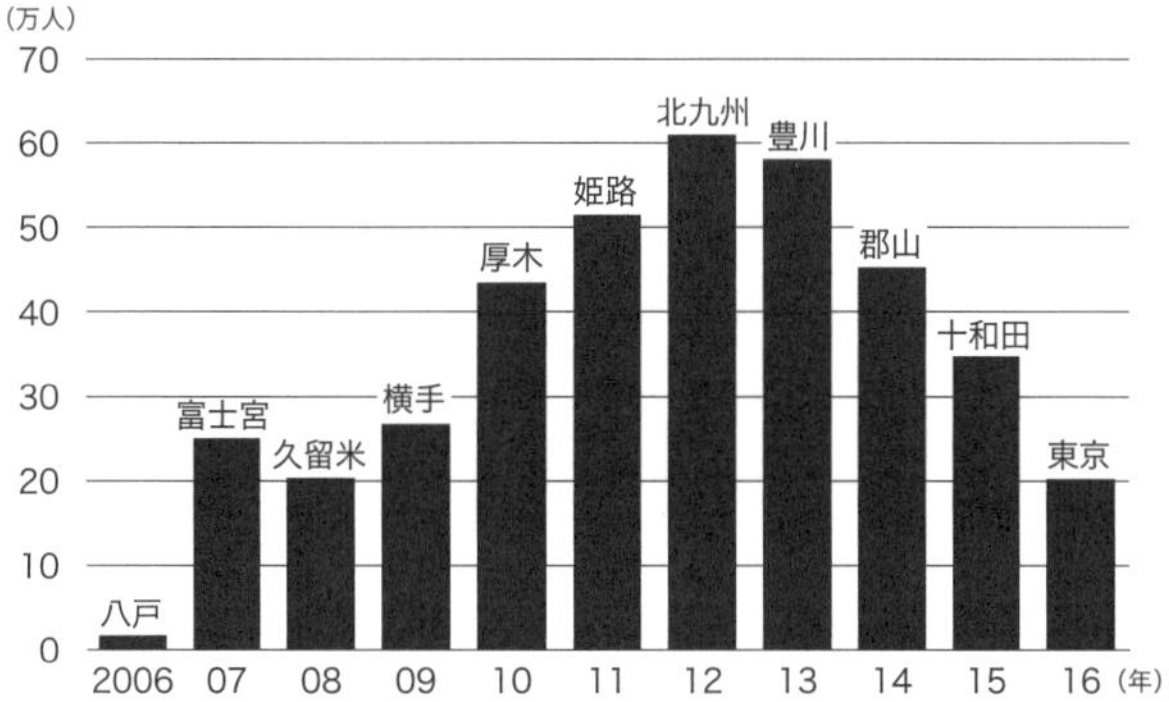


**図5・4** 「B-1グランプリ」入場者数
出典：B-1グランプリ主催者資料より作成

## B-1グランプリでA級に飛躍

オヤジギャグの成功事例はまだまだ存在するが、際限がないのでここまでで麺じていただき、最後に渡邉さんが会長をしておられる「ご当地グルメでまちおこし団体連絡協議会(愛Bリーグ)」が主催する「B-1グランプリ」を紹介したい。富士宮が「学会」という人を欺く名前を使用した事例を参考にして、二〇〇二年には「鳥取とうふちくわ総研」、〇三年には「八戸せんべい汁研究所」などが登場する。

この八戸せんべい汁研究所が発案して開始となったのが「B-1グランプリ」である。レコードにA面とB面があるように、地域の料理にも由緒あるA級の伝統料理ではなく、地域の人々が日常生活で食べているB級の料理がある。それらを結集して全国大会を開催しようという趣旨である。第一回は二〇〇六年二月に全国で食事をまちおこしの中心にしている一〇の団体が八戸に結集して大会が開催され、二日間で一万七〇〇〇人が来場した。

翌年の第二回は富士宮で開催して二五万人が参加、以後、毎年開催され、二〇一二年の北九州大会では六一万人、一三年の豊川大会では五八万人、一四年の郡山大会では四五万人、そして首都東京で開催された一六年には二〇万人と巨大な地方行事に発展してきた（図5・4）。大会では、出店された料理を食べたときの割箸の一本を一票とした投票でグランプリを選定しているが、目的はB級料理が有名になることではなく、地域発展の手段として料理を利用することが評価の主眼になっている。

そのため主催団体の名称にも「まちおこし」が明記され、参加資格も主催団体に正式に加盟している組織に限定している一方、その精神に馴染まず退会した組織も二〇以上になる。現行の地方創生政策は中央省庁の枠組で実施され、地域が計画を作成して応募し、選定されると使途に制約のある補助金が交付されるという旧態依然の手法で実施されている。しかし「B-1グランプリ」は自立した民間組織の独立採算の事業であるにもかかわらず、毎年、実施されている。

中学、高校、大学とキリスト教系学校で勉強してきた渡邉さんがキリスト教を信仰しておられるかどうかはともかく、『新約聖書』の「ヨハネ福音書」の冒頭の「初めに言葉ありき」を根拠としてオヤジギャグを連発しておられる。この麺妖な聖書の解釈には麺罪符が必要にしても、「富士宮やきそば学会」が「富士宮やきそば推進検討委員会」であれば、今日の注目される発展はなかったと想像すれば、一理ありそうである。

## 日常料理をブランド商品にした「B-1グランプリ」

二〇一三年に「和食・日本人の伝統的な食文化」がユネスコの無形文化遺産に登録された。しかし、「和食」とはどのような食事かということは定義されていない。それは無形文化遺産がユネスコの条約で「慣習、描写、表現、知識、技術と、それらに関連する器具、物品、加工品や文化的空間であって、社会、集団、個人が文化遺産の一部と認定するもの」と定義されているように、「寿司」とか「赤飯」という有形の食事自体ではなく、無形の食事の慣習などを対象にしているからである。

和食という言葉からは「懐石料理」「正月料理」「精進料理」などの食事の目的と関係する料理か、「土佐料理」「加賀料理」「薩摩料理」などの地域に特有の料理を連想する。しかし、大半の人々の日常生活の食事は、そのような仰々しいものではなく、地域に特有の料理であっても「長崎チャンポン」「讃岐うどん」「札幌ラーメン」のような食事であるし、仲間同士の宴会などでも「焼肉」「鍋物」などが食事の代表である。

このような日常生活に根付いた料理を対象にし、それを地域振興の視点から競争しようという発想で開始されたのが「B-1グランプリ」である。この「B」は主催団体が強調しているように、冠婚葬祭など特別の行事の機会に提供される由緒ある料理をA級グルメとし、日常の料理をB級グルメとする「B」ではなく、ブランドの「B」である。外部からも内部からも特別に価値のある料理とは理解されていなかったものを、地域のブランド製品に発展させたことに重要な価値がある。

# 第6章　鉄道転換
## ——住民と一体で再生した鉄道（茨城県「ひたちなか海浜鉄道」）

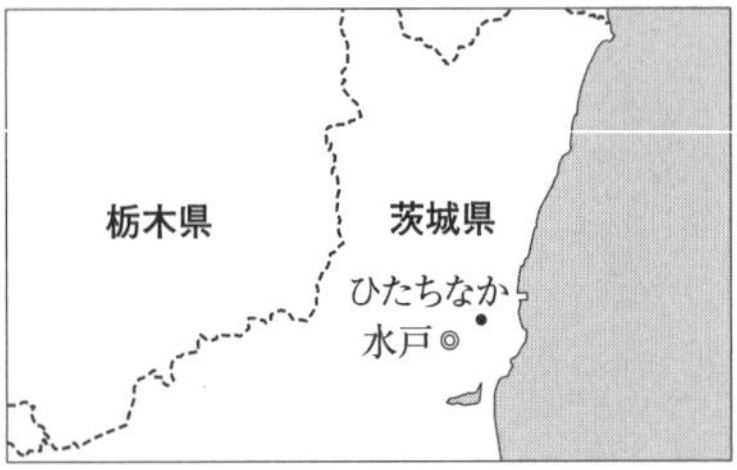


### 世界有数の鉄道大国・日本

日本は世界有数の鉄道の普及している国家である。鉄道路線の延長は二万七〇〇〇キロメートルで世界一一番目であり、最大のアメリカの約二二万六〇〇〇キロメートルと比較すれば八分の一強でしかないが、国土面積あたりの路線延長はチェコとドイツよりは少量であるものの、世界三位の大国である（図6・1）。世界最初の鉄道の営業路線がイギリスで開通した一八二五年から四八年後の七三年に新橋と横浜の区間に鉄道を敷設して以来、営々と建設してきた成果である。

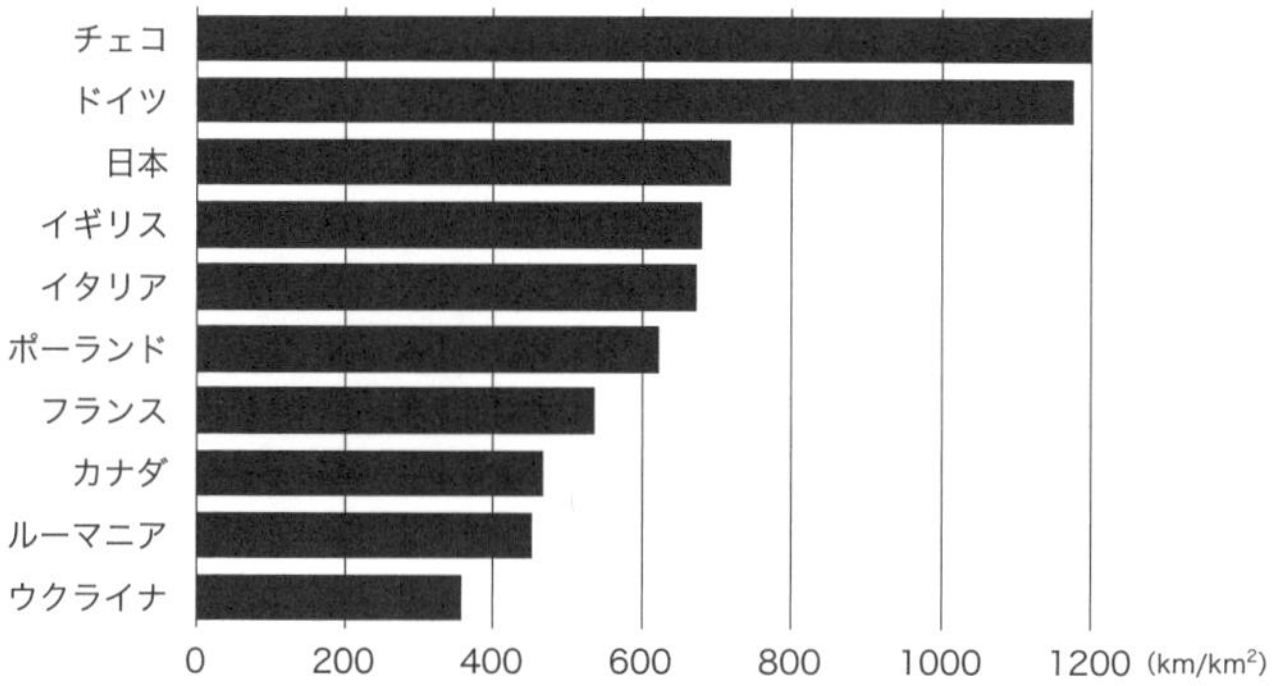


**図6・1**　国土面積あたり鉄道路線
出典：CIA「World Fact Book」より作成

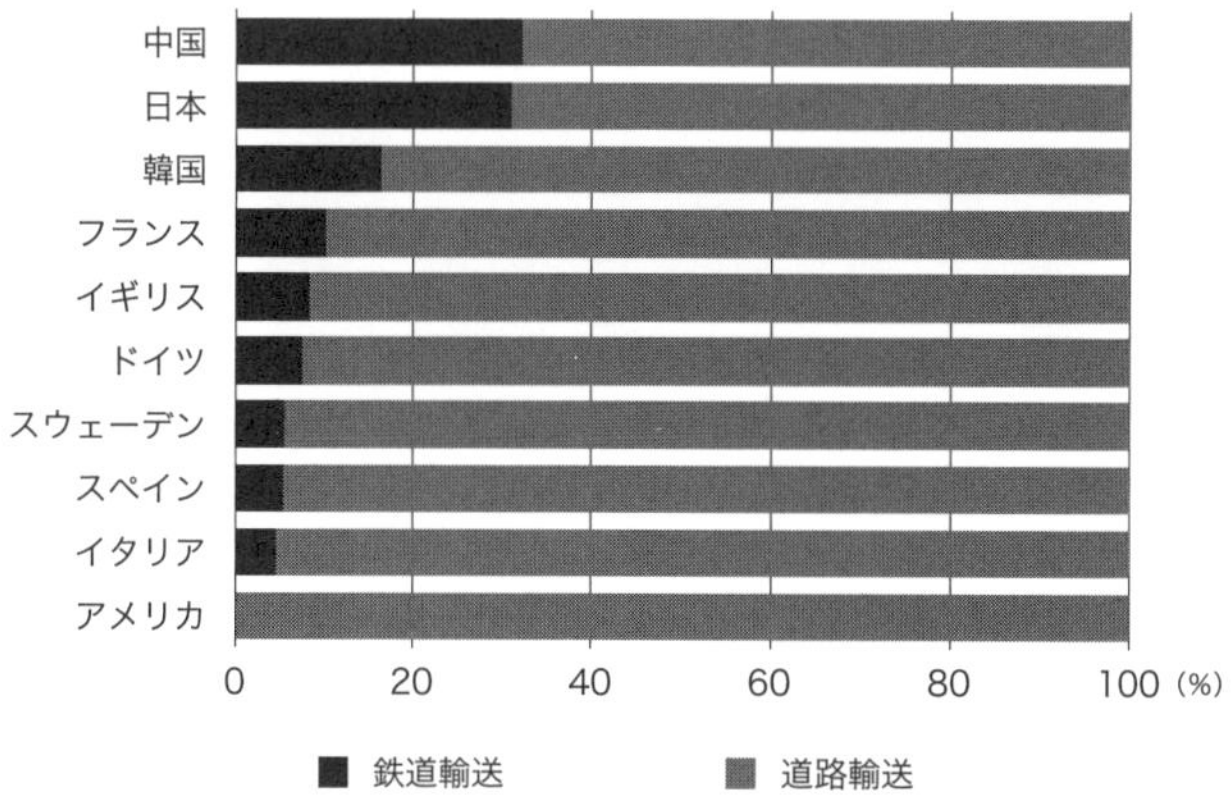


**図6・2**　旅客の鉄道輸送と道路輸送の比率（2012年）
出典：国際鉄道連合（UIC）資料と国際道路連盟（IRF）資料より作成

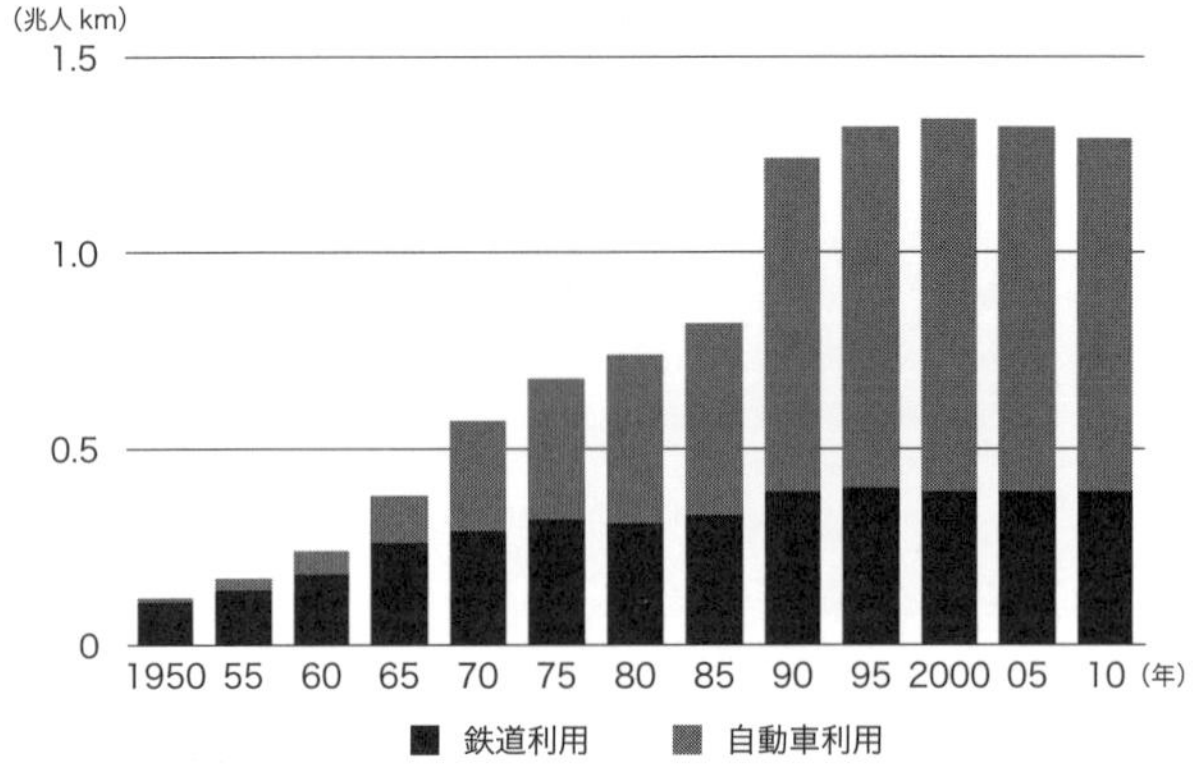


**図6・3**　鉄道利用と自動車利用
出典：日本統計協会「新版　日本長期統計総覧」より作成

鉄道の輸送対象は旅客と貨物に大別されるが、日本の特徴は鉄道が旅客の移動の重要な手段になっていることである。輸送人数と移動距離を掛算した数字で、鉄道による移動と道路による移動の割合を計算すると、日本は一位の中国の三二％に肉薄する三一％で世界二位であり、鉄道が大幅に利用されていることが明瞭である（図6・2）。アメリカでは、旅客の鉄道利用は全体の〇・一％でしかなく、鉄道の役割は広大な国土で貨物を輸送することである。

日本で鉄道が旅客輸送に大幅に利用されている背景には、国土全体の人口密度が高密であるという社会の特徴がある。日本の人口密度は世界の二一番目であるが、国土の七割が山岳地帯や森林地帯であることを考慮すれば、鉄道が敷設されている地域の人口密度は順位以上に高密であり、しかも鉄道にとって幸運なことに、自動車が社会に浸透する以前に鉄道が国土全体に整備されていたという事情も、鉄道利用の促進に貢献してきた。

ところが日本でも鉄道の利用比率が減少しはじめている。

陸上の移動だけで計算すると、一九五〇年代には八割以上が鉄道利用であったが、最近では三割程度に減少している（図6・3）。その主要な原因は高速道路の整備と自動車の普及である。六〇年代から建設が開始された高速道路は現在では八〇〇〇キロメートルになっており、四輪車の保有台数は六〇年の約一三〇万台から二〇一七年には七八〇〇万台と、六〇倍近くに増加している。

その結果、浮上してきたのが鉄道の廃線問題である。一九六四年に東海道新幹線が開通した段階では新幹線の延長は五五三キロメートルであったが、次々と新線が建設され、現在では三〇〇〇キロメートルになっている。その一方、ＪＲの在来路線も私鉄も減少し、八〇年には両方の合計が一万九六〇〇キロメートルであったが、二〇一〇年には一万七五〇〇キロメートルになり、三〇年間で二一〇〇キロメートルも減少している。

それは各地で廃線が増加していることを意味するが、それには二〇〇一年に鉄道事業法が改正されたことが影響している。鉄道は国家にとって重要な社会基盤であるという認識から、明治時代以来、鉄道事業への参入も撤退も制約され、とりわけ撤退は簡単には許可されなかった。ところが法律改正により、地元の同意がなくても届出から一年が経過すれば廃止が可能になり、最近、急速に廃線が増加してきた。

これは自動車を利用できる人々にとって問題ではないが、学生や老人にとっては深刻な問題になる。そこで地方公共団体や民間企業が第三セクターを設立して運営を肩代わりする事例が増加しつつある。ＪＲの旧会津線から移行した会津鉄道（福島県）、ＪＲの旧明知線から移行した明知鉄道（岐阜県）など、存続に成功している事例もあるものの、旧神岡線を基盤とする神岡鉄道（岐阜県）、旧三木線を基盤と

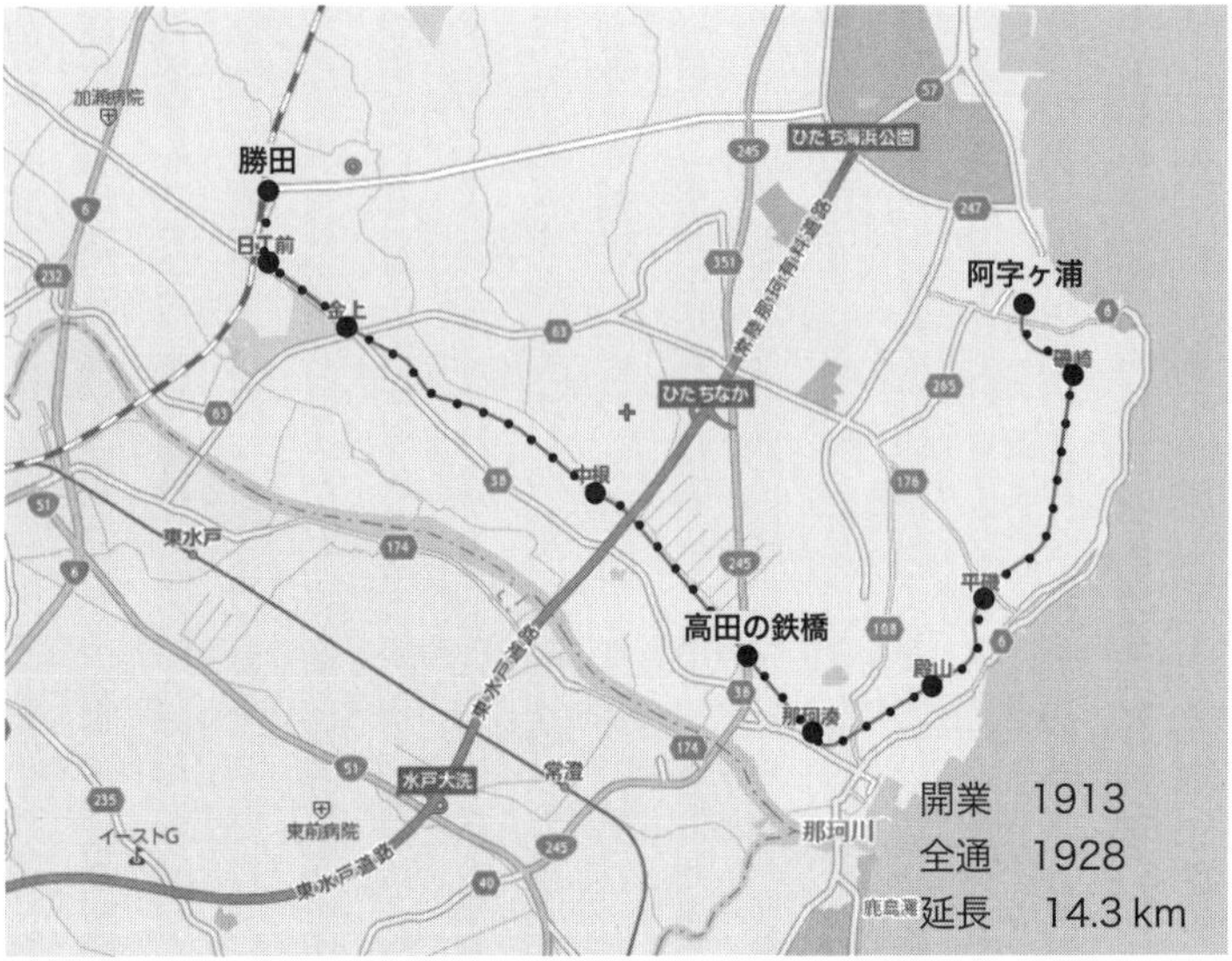


**図6・4　「ひたちなか海浜鉄道」の路線**

する三木鉄道（兵庫県）など、結局は廃線になった鉄道も数多く出現している。

## ひたちなか海浜鉄道の苦難の歴史

しかし、鉄道には地域の人々が子供の時代から利用してきたという愛着があり、その地域の社会環境を形成してきたという歴史もある。そのため地域には鉄道を維持したい、再生したいという根強い期待があり、全国で数十社の地方鉄道が維持する努力をしている。そのようななかで、廃線の議論も検討されはじめた鉄道を見事に復活させた事例が存在する。茨城県勝田市にあるJR東日本の常磐線勝田駅から太平洋岸の阿字ヶ浦までの田園地帯を運行する「ひたちなか海浜鉄道」である（図6・4）。

これは明治時代末期に建設された一〇〇年

以上の歴史をもつ由緒ある私鉄である。輸送や通信が国家の重要な社会基盤とされていた時代には、鉄道も通信手段も国家が整備し維持するということが前提であった。しかし、西南戦争などの影響で明治政府の財政が逼迫してきたため、一八八〇年代から民間が敷設する私鉄を認可するようになる。その結果、二〇世紀初頭から、各地で資産家などによる鉄道の開設が流行する。

茨城の太平洋岸では一八七〇年代から常磐炭田が開発され、江戸時代から銅鉱を採掘していたものの休鉱になっていた赤沢銅山（一九〇五年から日立鉱山に改称）も九四年から再開された。これらの石炭や鉱石は舟運で東京に輸送されていたが、鉄道輸送に転換するため、九六年に日本最初の私鉄会社である水戸鉄道を買収した日本鉄道が東京の田端から茨城の水戸まで常磐線を開業し、さらに翌年、北上して平（現在のいわき駅）まで延伸された。

水戸を出発して最初の駅として佐野村に佐和駅が設置されたが、その手前の勝田村からは距離があり不便であった。そこで村長であった大谷新介が日本鉄道に水戸と佐和の中間の武田に新駅の設置を請願したところ、勝田から約八キロメートル南東にある太平洋岸の三浜地方まで、地元が軽便鉄道を敷設することを条件に新駅の設置が合意された。そのような経緯から、一九〇二年に武田を起点として湊町を経由して平磯を終点とする武平鉄道を建設するための株式会社が設立された。

大谷新介は株式総数三四〇〇のうち一九〇株を引受けて筆頭株主となり、一九〇七年に名称を湊鉄道株式会社として工事を開始する。ところが一〇年に武田に常磐線の勝田駅が新設されたために新線建設の気運が衰退、さらに用地買収の難航や資金不足のため建設は難航し、ようやく六年が経過した一三年一二月に勝田と湊の間の約八キロメートルが開通し、軽便鉄道として運行を開始することになった。

実現してみると思惑ほどの旅客需要はなく、営業開始から一一年後の一九二四年、路線を海沿いに磯崎まで約五キロメートル延長、さらに四年後には現在の終点である阿字ケ浦まで延長して一四・三キロメートルの路線となった。これで海水浴客の輸送の増加を目論んだが、期待ほどの効果はなかった。三〇年代になってイワシやサンマの漁獲が急増して那珂湊港からの魚介の輸送で一時は繁盛するが、結局、経営不振から太平洋戦争中の四四年に茨城交通株式会社に合併されることになった。

戦後になり、燃料不足のため鉄道が見直され、娯楽施設が不足するなかで海水浴客も増加し、戦後五年で旅客収入が約三〇倍、貨物収入が約八六倍に増加し経営が回復する。しかし、その時期から道路交通の発展のため旅客も貨物も需要が減少しはじめた。無人駅への転換など経営努力をするが、私鉄としては継続困難になる。そこで廃線も検討するが、沿線住民の熱心な要望により、二〇〇八年に茨城交通とひたちなか市が出資する第三セクター「ひたちなか海浜鉄道」として運営することになる。

## 地域密着で再生しはじめた鉄道

ところが第三セクターに移行した直後から様相が変化しはじめた。減少一途であった輸送人数が反転して増加になってきたのである。二〇〇〇年の八九万人から〇七年には七一万人まで減少していたが、第三セクターに移行した〇八年には七六万人に増加した。それは営業収益にも反映し、第三セクターに移行以後、黒字が見通せるようになった。ところが、さらなる発展が期待されていた矢先に不幸な事件

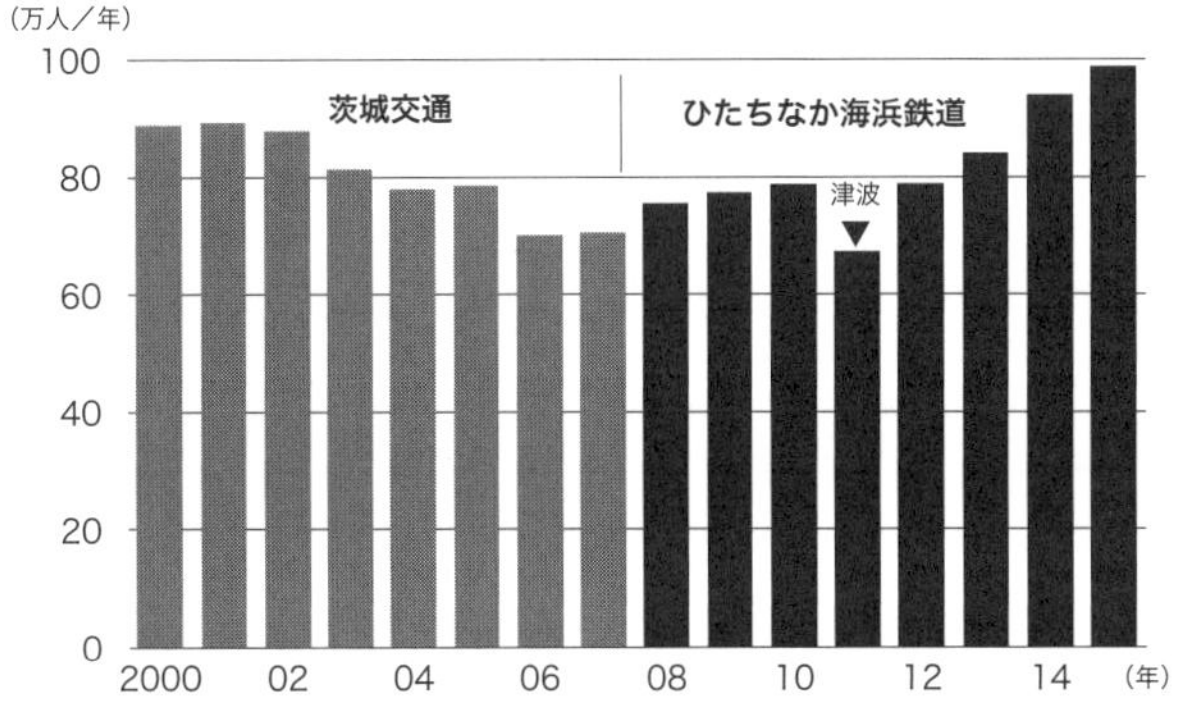


**図6・5**　「ひたちなか海浜鉄道」輸送実績
出典：ひたちなか海浜鉄道「決算公告」より作成

が発生する。

二〇一一年三月一一日にマグニチュード九・〇の巨大地震が発生し、東北地方の太平洋岸に甚大な被害をもたらした東日本大震災が襲来したのである。津波の直撃はなかったものの鉄道は全線で運行休止となり、四ケ月間はバスで代替輸送をして対応するが、輸送人数は六七万人に落込んでしまい、バス輸送の費用も重荷となり収益も一気に減少する。しかし、翌年から回復しはじめ、輸送人数が一四年には九四万人になり、営業収益も茨城交通時代を上回る成績になる（図6・5）（図6・6）。

この奇跡の回復は多数の要因が重複した結果である。第一は国土交通省関東運輸局の地域公共交通マイスターにも認定されている吉田千秋社長の努力である。第三セクターに移行するとき、会社は社長を公募したが、全国の応募者五八名から選抜されたのが吉田社長であった。富山県にある全国最初の第三セクターの路面電車「万葉線」の再建に総務課次長として関係していた実績が評価された人物であ

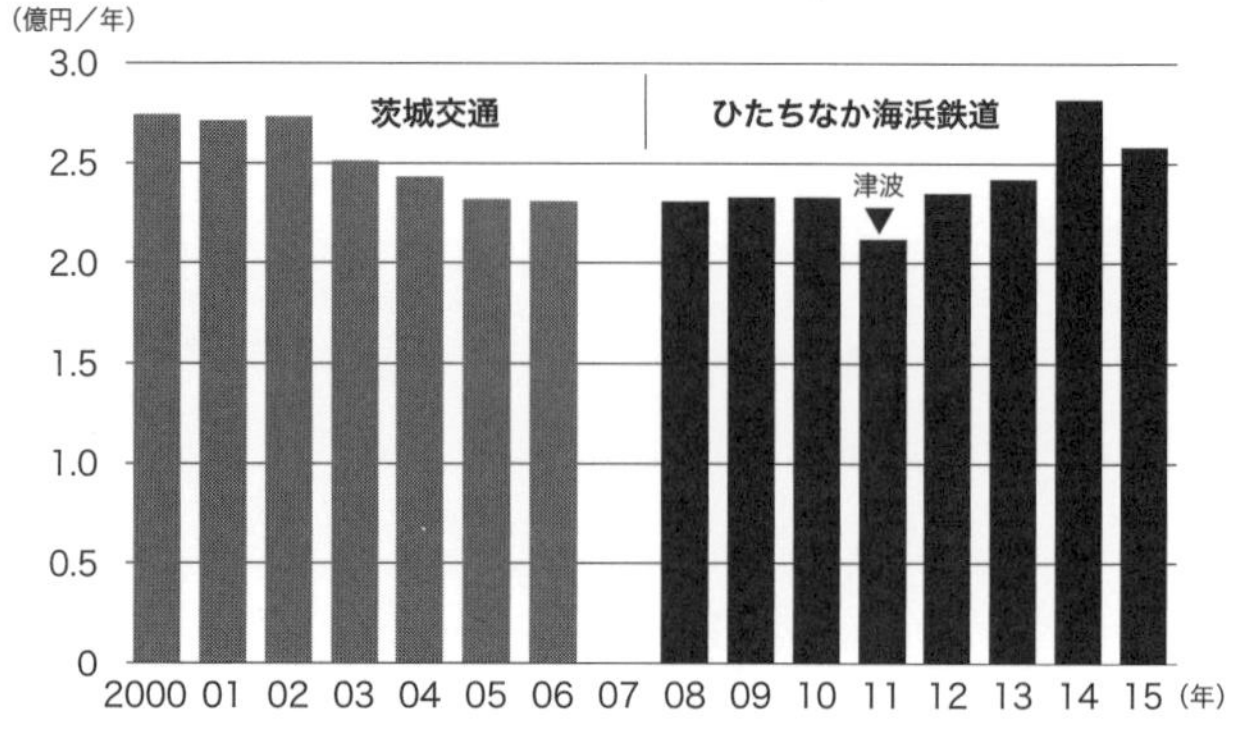


**図6・6**　「ひたちなか海浜鉄道」営業収益
出典：ひたちなか海浜鉄道「決算公告」より作成

る。

射水市と高岡市で加越能鉄道が運営していた高岡軌道線八・〇キロメートルと新湊港線四・九キロメートルを第三セクターにして一体運行しているのが「万葉線」である。名称は奈良時代に『万葉集』の編纂に関係した大伴家持が越中国守として赴任していた故事による。経営の悪化から廃線にしてバスで代替する提案が登場したとき、高岡市と新湊市が出資した第三セクターとして二〇〇二年から運営し、数多くの独自のサービスを提供して輸送実績を向上させていることで有名である。

そこでの沿線住民と一体となって再興した経験を背景に、吉田社長は通学定期券代を大幅割引して学生の利用を増加させる、ダイヤ改正により運行本数を増加させる、各駅の駅名表示を地域の特徴を反映した変形文字にする、茨城名物の納豆御飯を試食できる「納豆列車」やメイドがサービスする「メイドトレイン」を運行させるなど、次々と新規企画を実現して話題の鉄道に変貌させてきた。さらに鉄道を地域の財産にする運動を発生させるため「ローカル鉄道・地域づくり大学」も設立した。

貧乏が追風になるという幸運もあった。十分な資金がないので新規の車両を購入できないため、すべては全国のJRや私鉄の中古車両を使用している。しかも塗装も以前の会社の塗装のままである。その結果、他所では消滅して見物することのできない旧型の車両が走行しており、しかも沿線の大半が田園地帯であるため、写真撮影の背景が絶好であるという条件も応援し、鉄道愛好の人々が見物や撮影に到来し、これも経営の支援になっている。

## 住民が維持する鉄道

しかし最大の要因は地域の人々の熱心な支援である。第三セクターに移行する前年の二〇〇七年、なんとか廃線になることを回避したいという地元の有志が鉄道の存続を目指して「おらが湊鐵道応援団」という市民団体を結成した。休日などに駅舎で乗客の案内をする、鉄道の写真を撮影して掲示する、沿線の草刈や駅舎の清掃をするなど、二〇〇〇名近い団員がさまざまな活動により応援し、地域の人々が熱愛する鉄道になってきた。

それを象徴する逸話が登場する。二〇一四年一〇月一日、この鉄道に「高田の鉄橋」という新駅が実現した。県道と交差する地点に新駅を設置することは以前から要望されていたものの、資金の調達が難問で実現できなかった。ところが地元に本社のある企業の会長が他界された夫人の遺産を自由に使用してほしいと全額寄付されたため、それを資金の一部にして、ひたちなか市が補助することで実現することになった新駅である。

この鉄道は地方公共団体が五一%、茨城交通株式会社が四九%の出資で維持しているが、重要な特徴は地域に公開されていることである。社名は市民から公募して新社名選考委員会が選定し、社長も公募で決定している。その結果、市民も応援団体を設立して支援するという行政と企業と住民の協力関係が実現している。政府の助成に依存して地域の再生を画策する事例が大半の時代に、自助努力で地域の基盤を維持するという好例である。

# 第7章　漁村転換
## ——地域の女性が創業した地場産業（静岡県「戸田塩の会」）

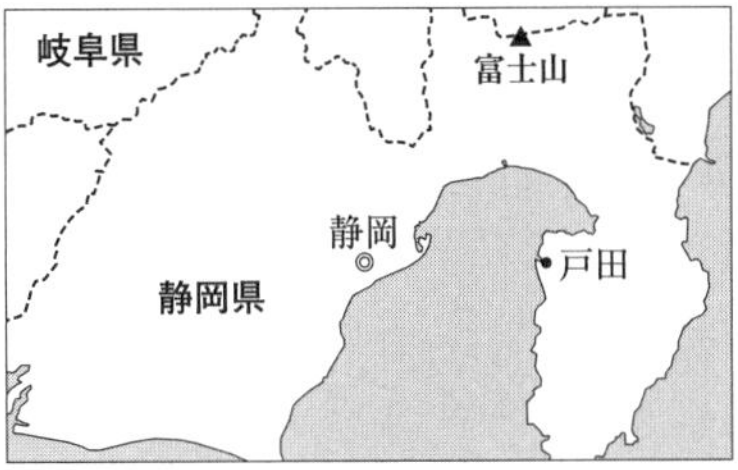


### 専売から解放された塩作り

英語では給料をサラリー、給料を支給される人々を和製英語でサラリーマン（最近ではサラリーパーソン）と表現する。このサラリーという言葉はラテン語のサルが語源で、塩という意味である。そこから派生した言葉がサラリウムで、古代ローマでは兵士の給与の一部を塩で支給するか、塩を購入するための特別手当を支払っていたことに由来するが、当時は塩が生活に必須の貴重な物質であったことが想像できる。英語で塩を意味するソルトや兵士のソルジャーも同一の語源である。

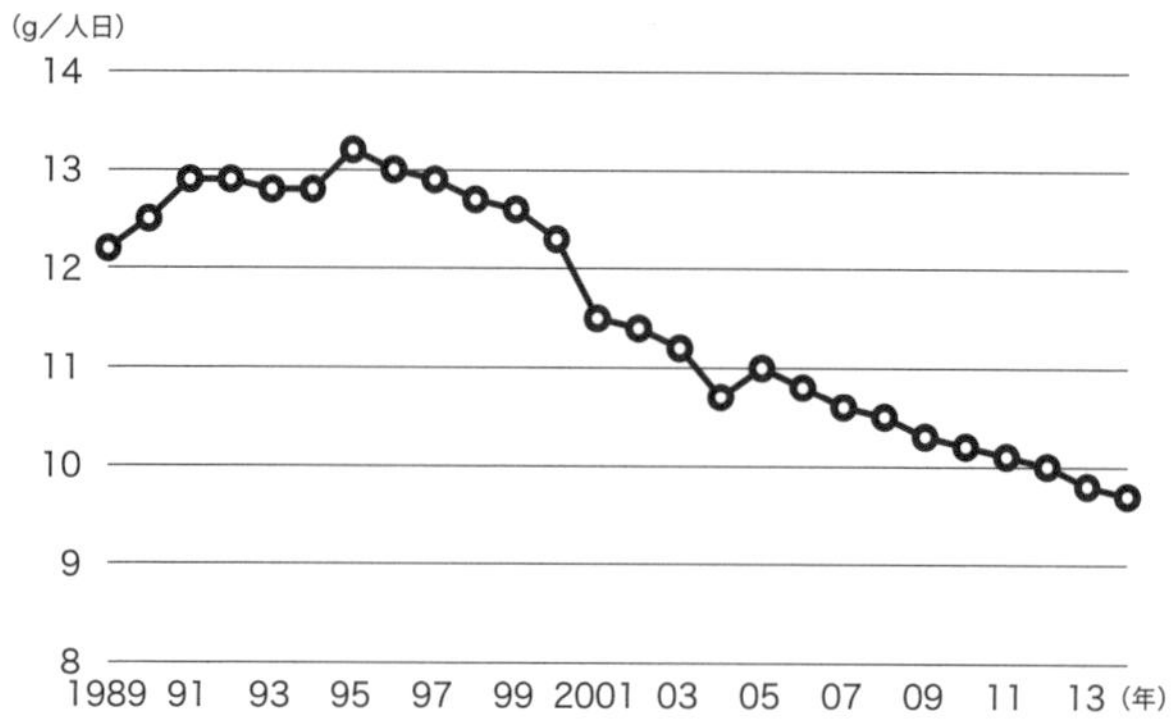


**図7・1**　日本人の塩の摂取量
出典：厚生労働省「国民健康・栄養調査報告」より作成

現在では塩は安価に入手できるが、人間にとって重要な物質であることに相違はない。人体は約六〇兆の細胞で構成されているが、それぞれの細胞を一定の形状に維持するのに塩が必須の物質であるし、食物を消化する胃液や胆汁を体内で製造するのにも塩が必要である。しかし塩は体内で製造できないため、食料などから摂取する必要がある。最近では、塩分を過剰に摂取することが問題になり、減塩運動まで推進されているが、摂取しないことも同様に問題なのである（図7・1）。

このように人体に必須の物質であるため、古来、塩を独占して販売する制度を採用してきた国家は多数存在する。中国の前漢時代には国家の財政逼迫の解消のために鉄と塩を専売にし、フランスでも一四世紀以後は塩税が制定され、一時中断の時期はあったものの、二〇世紀中頃まで継続していた。イギリスがインドを支配していた時代にも塩は専売制度にして徴税していたし、現在でもスイスでは専売制度が存続しているほどである。

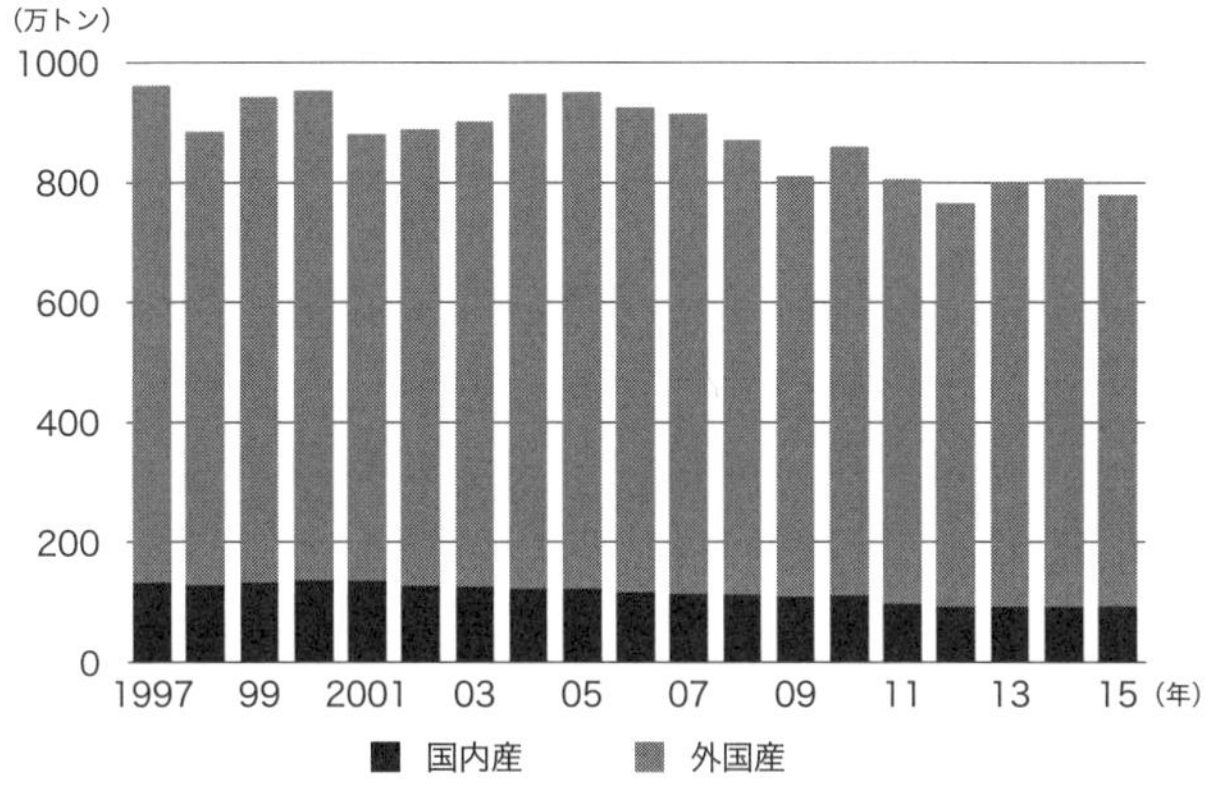


**図7・2** 塩の国産と輸入
出典：塩事業センター資料より作成

日本でも江戸時代には塩の専売制度を採用している藩もあったが、明治政府は一九〇五年に全国統一の塩の専売制度を導入した。前年に開戦した日露戦争による多額の歳出のために国家財政が逼迫し、税収を増加させる目的であった。第二次世界大戦中には塩の生産が激減したため、一時、民間の製塩が許可されたが、戦後の四九年に日本専売公社が設立され、タバコ、樟脳、塩を専売とする専売制度が復活した。

しかし、一九七〇年代中頃から政府が規制改革を次々と推進し、日本専売公社、日本国有鉄道、日本電信電話公社の三公共企業体と、郵便関連事業、国有林野事業、紙幣や切手などの印刷事業、造幣事業、アルコール専売事業という五現業体、いわゆる三公社五現業を民営に移行することになり、その一環で、塩の専売制度も九七年に廃止され、現在ではだれでも塩を生産し販売できる時代になっている。

日本には「敵に塩を送る」という言葉がある。戦国時代に駿河の今川氏真が敵対する甲斐の武田信玄に反発し、駿河から甲斐への塩の流通を禁止する「塩止め」を実行した。ところがやはり武田信玄と敵対していた越後の上杉謙信が武田信玄に塩を送付（実際は高値で販売）したという逸話であるが、当時、塩は戦略物資であったことを象徴している。しかし現在、日本では安価な外国製品の輸入が増加している一方（図7・2）、国内各地で製塩が活発になっている。その興味ある事例を以下に紹介する。

## 僻地で始まった「戸田塩の会」

塩の製造、すなわち製塩の主要な方法は三種になる。第一は陸地に封入された海水が蒸発して地中に存在する岩塩で、ヨーロッパ大陸と北米大陸に大量に存在しており、それを掘削して利用する。第二は出口のない内陸の湖水が蒸発して塩湖となった場所から採集するもので、南米大陸の標高約三七〇〇メートルにある南北約一〇〇キロメートル、東西約二五〇キロメートルのウユニ塩湖は乾期のときには表面が真白の塩原になり、そこから採集している。第三は海水から製塩する方法である。

島国の日本では大半の地域が海洋に直面しているため、古代から海水を原料として製塩することが一般であり、玉藻といわれる海草のホンダワラを利用して製造する藻塩は万葉集の和歌にも「（前略）松帆の浦に　朝なぎに　玉藻刈りつつ　夕なぎに　藻塩焼きつつ　海をとめ　ありとは聞けど　見に行かむ（後略）」として登場するし、藤原定家の和歌「来ぬ人を　松帆の浦の　夕なぎに　焼くや藻塩の身もこがれつつ」は、自身が撰者である小倉百人一首に選定されている。

現在では原料こそ海水であるものの、化学プラントで製造することが中心であるが、かつては瀬戸内

**写真 7・1**　戸田漁港からの眺望

海沿岸など日照時間の十分な地域に広大な塩田を展開し、そこへ海水を散布して太陽光線で濃縮するか、大釜で海水を沸騰させて濃縮する方法で製塩していた。しかし、一九九七年に専売制度が廃止され、自由に製塩できるようになったことを契機に、全国各地で地域振興を目指して塩作りをする団体が次々と登場し、現在では一〇〇近くが存在するほどの盛況になっている。

それらのなかで、以下に紹介する「戸田《ヘダ》塩の会」は専売制度が廃止される二年前の一九九五年に大蔵省東海財務局から許可を取得していた老舗である。伊豆半島の北西に戸田という漁村がある。北側に開口している湾内からは正面に霊峰富士を眺望できる場所にある（写真7・1）。現在では平成の市町村大合併により静岡県沼津市に編入されているが、以前は人口四〇〇〇人弱の寒村であった。最近では山越えの舗装道路も整備されているが、かつては沼津から海路を利用するほうが便利という僻地でもあった。

本題ではないが、江戸時代末期に戸田が有名になった事件がある。一八五四年一一月、ロシアの全権使節エフィム・プチャーチンが乗船する軍艦「ディアナ」が日露和親条約の締結交渉のため、箱館から大坂を経由して伊豆半島東南の下田に入港した。プチャーチン一行が徳川幕府の交渉担当の勘定奉行川路聖謨《トシアキラ》と交渉を開始した直後にマグニチュード八・四と推定される安政東海地震が発生した。それによる津波で「ディアナ」は大破し、船底が破損してしまう。

下田で応急処置をした「ディアナ」を戸田へ回航して修繕することになり、自力で伊豆半島を周回して戸田を目指すが、強烈な風波で浸水し航行不能となり、富士川河口沖で投錨する。約四〇〇人の乗員は救助されたものの、「ディアナ」を何隻もの手漕ぎの漁船で戸田へ曳航することになった。しかし、強風のため途中で沈没してしまい、プチャーチン一行は幕府の許可により、戸田で新船を建造することになる。

ロシアの乗員が図面を作成し、世界文化遺産となった反射炉を建造した韮山代官の江川太郎左衛門英《ヒデ》龍《タツ》が日本側責任者となり、日本人船大工が従来の和船とはまったく相違する構造の約一〇〇トンの二本マストの洋式帆船をほぼ一〇〇日の突貫工事で完成させる。その努力に感激したプチャーチンに「ヘダ」と命名された帆船には全員が乗船できないため、プチャーチン以下四七名が乗船して一八五五年五月にロシアへ帰還し、それ以外の乗員は外国の帆船に分乗して帰国することができた。

ロシア政府は日本の対応に感謝し、「ヘダ」に五二門の大砲を搭載して返還するほど日露関係を良好にしたが、日本にはそれ以上の価値がもたらされた。「ディアナ」の建造に従事した戸田の日本人船大工は各藩に招聘されて洋式帆船の建造方法を伝達することになったのである。とりわけ徳川幕府の造船施設の石川島造船所では四隻の洋式帆船が建造された。これは日本を代表する造船会社の石川島播磨重工業の前身であるが、日本が造船王国となった基礎は戸田にあったことになる。

## 立上がった漁村の女性

本題の「戸田塩の会」は漁業の衰退で活気がなくなりつつある漁村を元気にしたいという地域の女性菰田智恵さん（故人）の情熱から出発した。発想の原点となったのは故事である。戸田には、およそ一五六〇年前に在位した第二〇代安康天皇の病気治癒のために戸田塩を献上したという歴史が伝承されている。この由緒ある塩作りも戦後は途絶えていたが、それを復活して地域を元気にしようと、菰田さんが一念発起されたのである。

早速、十数人の地域の有志の女性が参加して作業を開始する。漁港の片隅の周囲が松林という敷地に簡素な小屋を建造して出発したが、伝統の製法の記録が存在しないため、試行錯誤の連続であった。小屋の内部に設置した大釜に海水を注入し、下側で木材を燃焼させて煮詰めていくという一見簡単な方法であるが、大釜の形状や材質の選定、煮詰める時間、火勢の調節など、すべてについて研究が必要であった。

**写真7・2**　「戸田塩の会」の商品

酷暑の真夏に焚火を見張って火勢を維持するのも過酷な作業であるが、とりわけ難行苦行であったのが原料である海水の調達であった。最初は平均年齢が六〇歳にもなる女性たちだけで、海岸から海水をバケツリレーで小屋まで運搬していたが、現役を引退した漁師たちが見兼ねて手伝うようになった。燃料となる廃材や流木や間伐の木材の運搬も男性の重要な仕事になったが、もっとも役立ったのが海水の採取であった。

長年の経験で駿河湾内の潮流などを熟知している漁師が、小型漁船で湾内から外洋に出掛け、沖合約一キロメートルの海上の水深一五メートルほどの海中から製塩に最適の海水をポンプで容器に汲上げ、その海水を岸壁から小型トラックで作業小屋まで運搬して手助けしてくれるようになったのである。その小型漁船に乗船させてもらったが、沖合の海水の濃淡が変化する境界周辺で汲上げており、流石の経験と感心した。

このような地域の人々の協力によって発展してきた組織であるが、二〇〇一年にNPO法人になり、翌年には「戸田塩」という名称を商標登録してさまざまな商品を開発し、本格営業を開始する（写真7・2）。それらは作業小屋の店頭でも販売されているが、より人目につく場所ということで、集落の入口にある「道の駅・くるら戸田」で販売したところ人気商品となり、さらにはふるさと納税の返礼商品としても利用されるようになっている。

その結果、最近では年間一五〇〇万円程度の売上をもたらすほどに発展し、作業をしている十数名の人々に給与を支払うことができるようになった。零細企業の規模でしかないにしても、地域の女性が自立して活躍する基盤となる地場産業に発展してきたのである。訪問したときも、当番の数名の女性が熱心に仕事をされていたが、特別にだれかが指揮するわけでもなく、見事な連携で適確に仕事を分担していることが明確であった。

女性だから繊細というのも差別かもしれないが、乾燥させた塩から微細な異物を除去する作業をしている様子は女性ならではの感性と同時に、商品への愛着を実感させる光景であった。現在、中心となって仕事をしている中村多恵子さんと対談したが、塩を製造して商売にするという以上に、男性が牽引してきた漁業が衰退に直面している集落を、女性が歴史のある製塩で再興するという意欲が明確であった。

このような商品の製造販売以外の活動が、小中学生を対象にした塩作り体験である。筆者が訪問したときにも、たまたま長野の過疎地域の生徒がバスで来訪していた。海のない内陸の地域に生活する生徒たちにとっては興味のある作業のようで、煮詰めた海水から粗塩を採集する仕事に嬉々として熱中していた。それは地道な効果かもしれないが、製品の販売だけではなく、地域を販売していく活動になっている。

日本という島国では、大半の地域は海洋という宝庫に直面している。その宝庫を漁業という一次産業や観光という三次産業に活用することが従来の地域産業の常識であった。そのような視点からすれば、鮮魚を干物などへ加工することと同様、製塩も二次産業ということかもしれない。塩作りによる地域振興は全国各地で次々に登場しているが、地域にしか存在しない歴史の視点を加味したことが「戸田塩の会」の成功の秘訣である。

# 第8章　農村転換
## ——農村文化の継承を目指す食堂（三重県多気町勢和地区「まめや」）

### 危機状況にある日本の農業

わざわざ説明するまでもないが、日本の農業は仕事としても産業としても危機に直面している。第一の危機は農業に従事する人数の急激な減少である。一九六〇年には一四〇〇万人強であったが、二〇一〇年には二六〇万人強になり、わずか五〇年間で五分の一以下になっている（図8・1）。これをすべての産業の就業人口全体での比率にすると、三〇%から四%に減少したことになる。化学薬品の使用や農業機械の導入により生産効率が向上したとしても異常である。

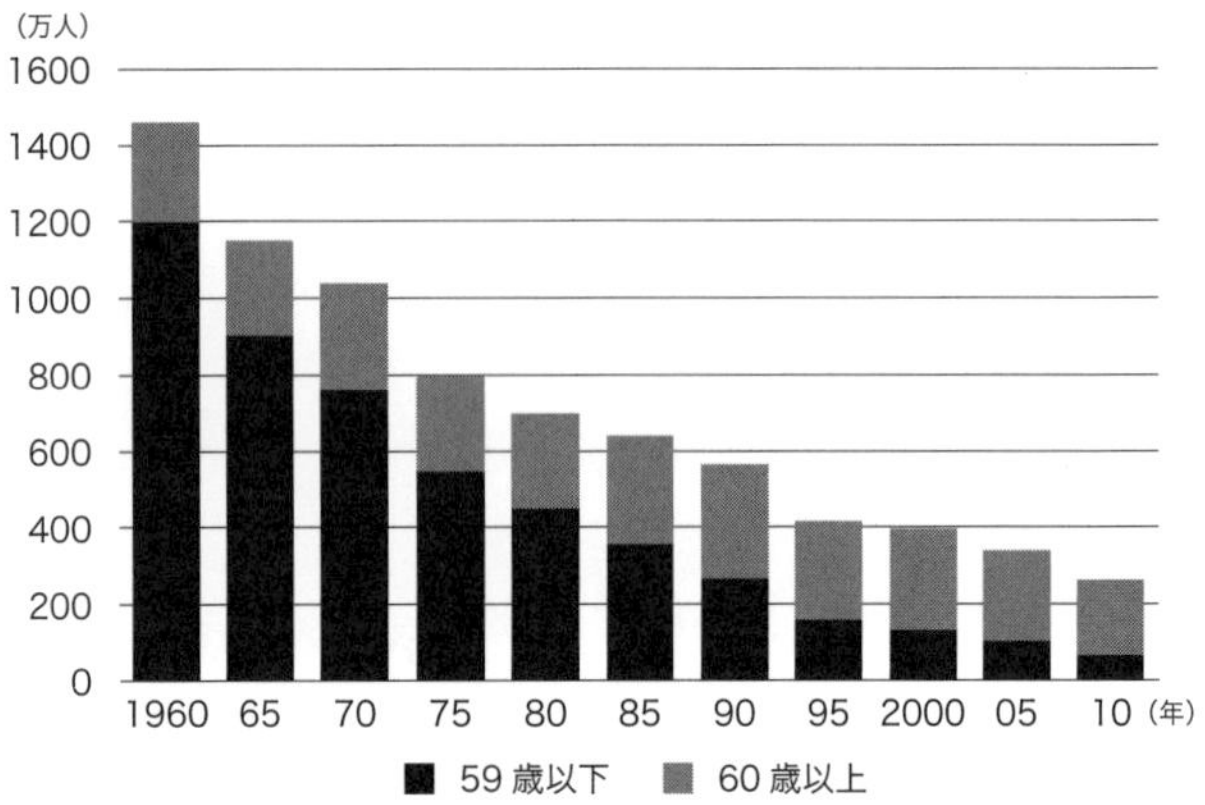


**図 8・1　農業就業人口**
出典：農林水産省「農業センサス」より作成

第二の問題は高齢者率の増大で、六〇歳以上の比率が同一の期間に約一八％から約七五％になっている。その結果、農業就業人口の平均年齢は二〇年前には五八歳であったが、現在では六六歳という高齢産業に変貌している。これは世界共通ではなく日本特有の現象である。二〇〇五年の数字であるが、六五歳以上の農業従事者比率は日本が六一％であるのに、アメリカは二五％、イギリスは二四％、フランスは一九％、ドイツは一七％でしかない。日本が特異な状況にあることが明確である。

第三は産業としても規模が縮小していることである。農業総産出額は最高であった一九八五年の八兆三〇〇〇億円から二〇一〇年には五兆五〇〇〇億円と三分の二近くに縮小している（図8・2）。それを反映して耕地面積が五四〇万ヘクタールから四六〇万ヘクタールに縮小する一方（図8・3）、耕作放棄農地が約一五万ヘクタールから約二一万ヘクタールに増加している。因果関係は明確ではないが、これらの縮小を反映して食料自給率

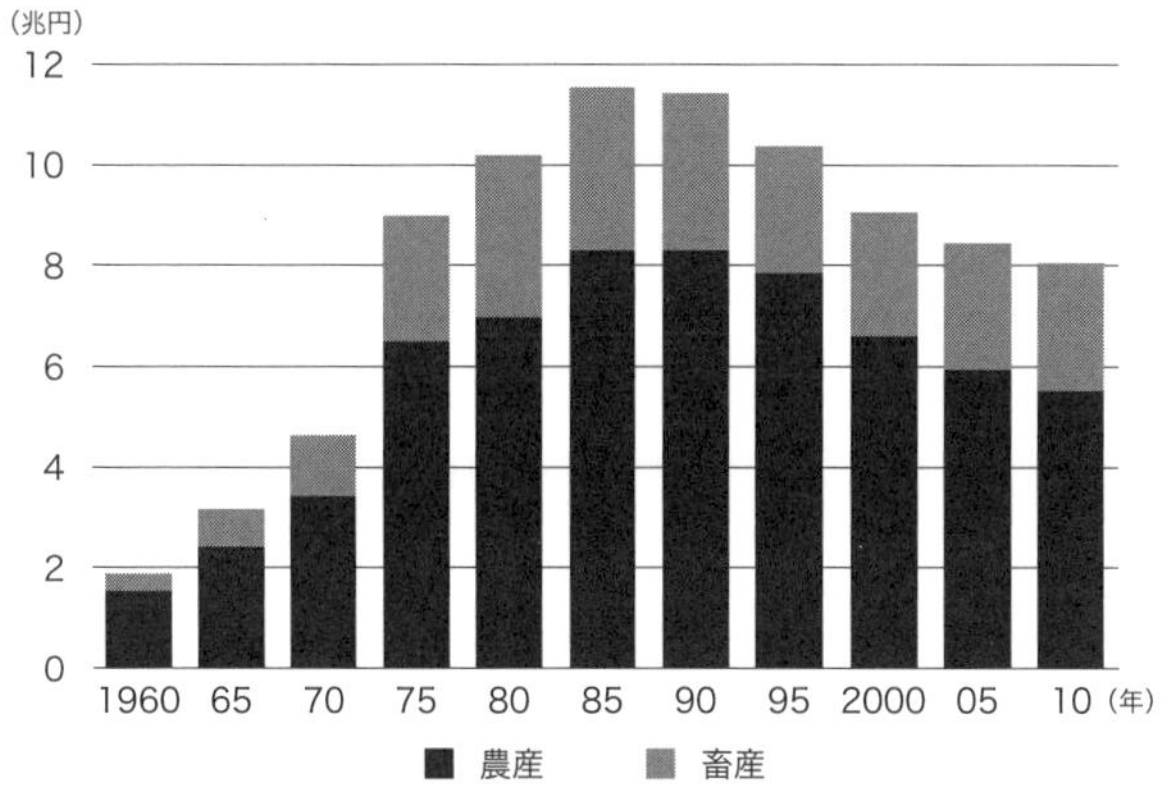


**図 8・2　農業総産出額**
出典：農林水産省「生産農業所得統計」より作成

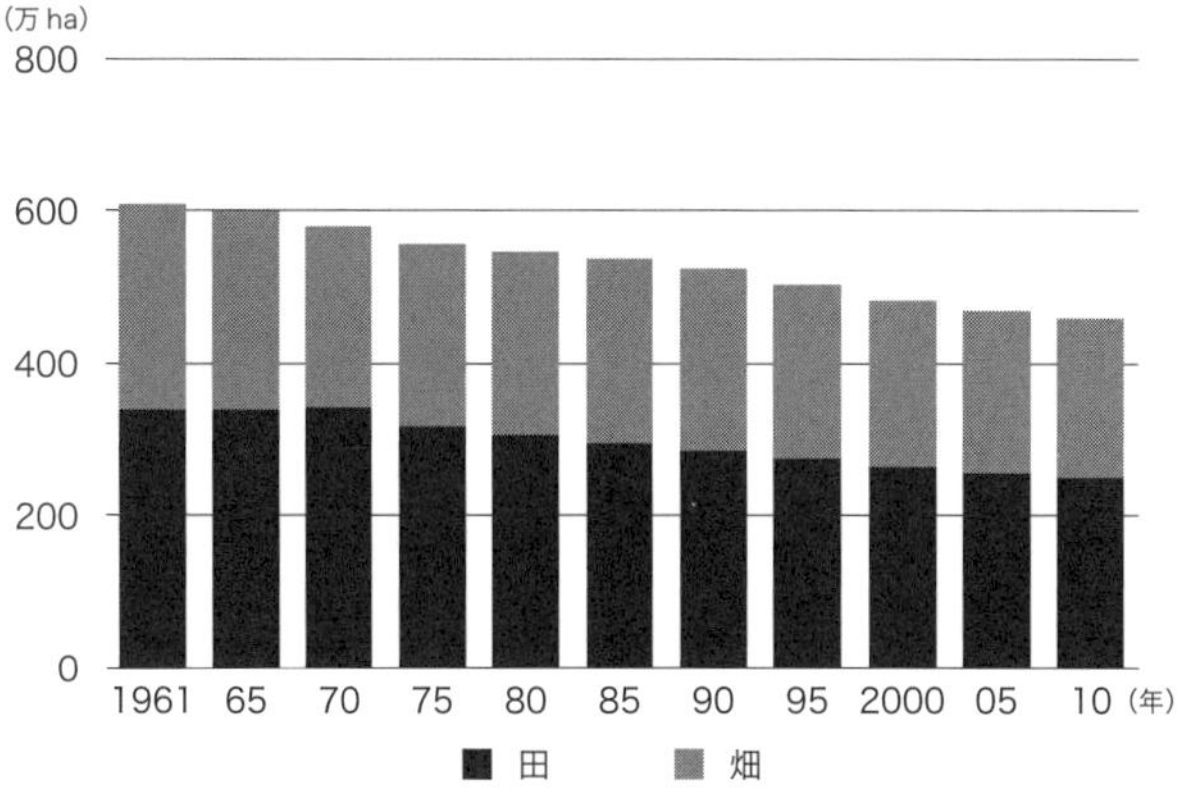


**図 8・3　耕地面積**
出典：農林水産省「生産農業所得統計」より作成

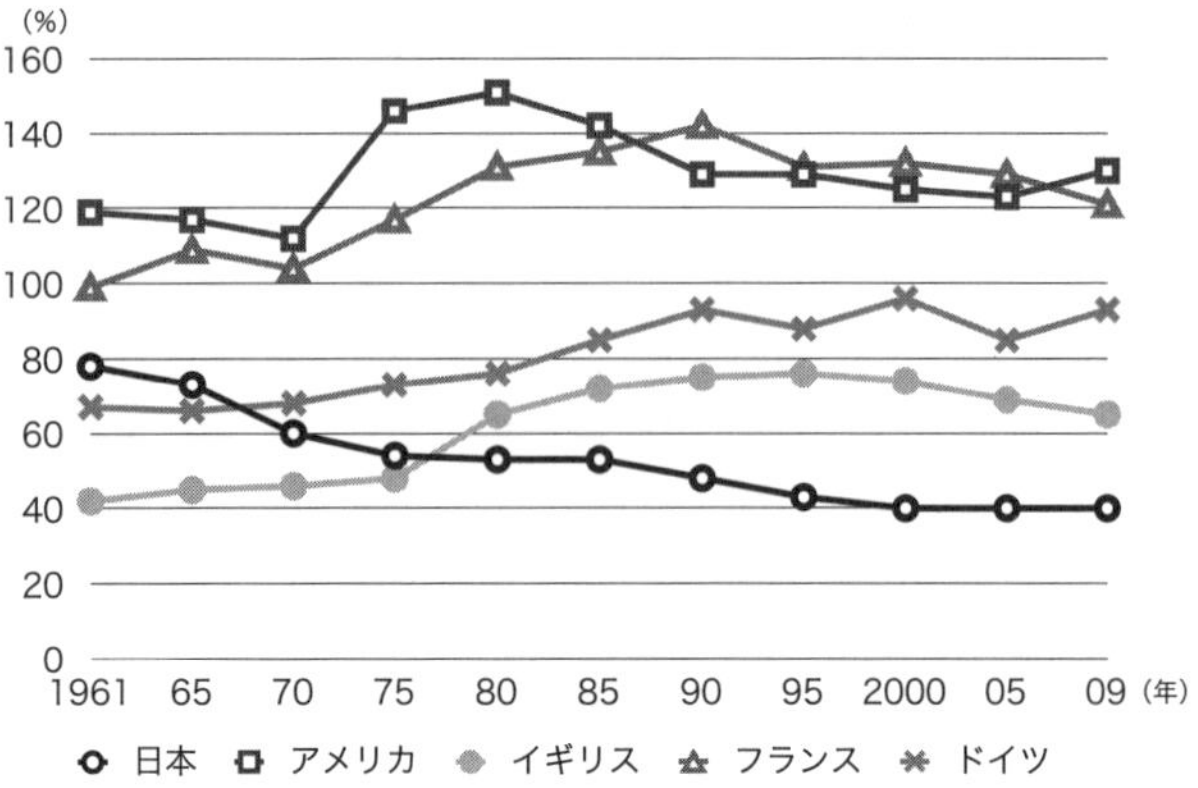


**図8・4**　食料自給率（供給熱量単位）
出典：農林水産省「食料需給表」より作成

は四割になり、毎年三兆四〇〇〇億円の食料を輸入している。

これらの問題は生産する立場も消費する立場も経済の視点だけで食料の将来を検討し、安全保障や伝統文化の視点を重視してこなかった結果である。アメリカやフランスのように食料を大量に輸出している国々は別格として、イギリスやドイツなど輸入している国々も次第に自給率を上昇させているし、主食である穀物だけは自給できるように努力している。これは食料安全保障の視点を反映した数字である。残念ながら、日本はどちらの数字も低下している（図8・4）。

日本の状況は食料安全保障の視点からも問題であるが、より根底の問題がある。日本は明治維新以来、産業革命を実行し、わずか一〇〇年程度で世界有数の工業国家に発展することに成功した。しかし、日本の文化の根底は数千年間の農業社会によって形成されている。それは現在でも地域社会の行事が農業を反映していることや、第5章でも紹介したように、和食が日本を代表する食事としてユネスコの無形文化遺産となったことにも象徴されている。

しかし、この日本の文化基盤である農業という産業だけではなく、農村という社会基盤が衰退の危機に直面している。以前にも紹介しているが、一九九〇年代に限界集落という概念が提唱され、人口の半分以上が六五歳以上になり、冠婚葬祭など文化行事が維持できなくなる集落と定義されている。二〇〇六年の調査では、六万二〇〇〇以上の集落のうち約一三%が該当し、四%は近々消滅するという結果になっている。これは集落の消滅ではなく、文化の消滅を意味している。

## 人々が殺到する食堂「まめや」

このような危機意識を梃子に地域を躍進させている人物を紹介したい。場所は三重県多気町勢和地区、平成の合併以前は人口五〇〇〇人強の勢和村であった農村である。名古屋駅から紀勢本線の快速列車に乗車して一時間二〇分で多気に到着する。特急列車も停車するが、タクシーも常駐していない閑散とした駅前で、タクシーを呼出して乗車し、山道を約三〇分で目的の農村に到達する。ここは古刹丹生《ニウ》大師で有名な地域である。

正式名称「神宮寺成就院」である丹生大師は七七四年に開山され、八一三年に弘法大師により七堂伽藍が建立されたといわれる。女性も参詣できたために「女人高野」という名前もある古刹である。付近には水銀を産出する丹生鉱山があり、東大寺の盧遮那仏の建造には、この鉱山から水銀が供給されたと

**写真8・1**　農村料理レストラン「まめや」

いう由緒もある。江戸時代から戦前までは休山していたが、戦後になって再開し、細々と採掘をしていたが、一九七三年に完全に閉山したという歴史がある。

　筆者が訪問したのは休日の昼頃であったが、不便な山奥の畦道に多数の自家用車が駐車し、周囲が水田という敷地にある簡素な木造の食堂に人々が行列していた。ここが農村料理レストラン「まめや」であり、バイキング形式の昼食しか提供していないにもかかわらず、平日でも一〇〇人、休日には二〇〇人以上が殺到する有名食堂になっている（写真8・1）。自家用車の番号から判断すると、地元だけではなく遠方からも人々が到来している。

　この驚異の食堂の出現の出発は地元の一人の小柄な女性北川静子さんの情熱であった。北川さんは地元の農家出身の旧勢和村役場の職員で、地域の農業産品の広報活動の仕事をしておられた。その活動の一環として、地元のコメの食感を測定装置で計測したところ、有名な全国ブランドである新潟県魚沼産のコシヒカリ以上の数値であり、特産の大豆を使用して製造している味噌や地元の野菜の漬物も素晴らしいことに気付いた。

ところが、勢和地区の有名なアジサイの満開の季節や丹生大師の祭日などに、観光目的で年間数十万人の人々が到来するが、その美味しいコメ、味噌、漬物などの名産を購入できる場所もないし、料理を賞味できる食堂もない。そのために名前が世間に浸透しない結果、販売が増加せず、このままでは五〇歳台から六〇歳台の世代が維持してきた味噌や漬物の生産が衰退し、この地域の農村文化が現在の世代で消滅してしまうと憂慮するようになる。

## 手作りで実現したレストラン

ここからが北川さんの勇気ある行動で、それならばと、自分の農地を提供して土地を用意し、仲間と一緒に拠点となる食堂などの施設を開設しようと決心する。そこで地域の仲間に一口五万円の出資を呼掛けたところ、三十数名の女性がへソクリや貯金を持寄って一〇五〇万円の資金が確保できるところまで進展した。しかし、これでは施設を建設する資金にも、事業を開始する資金にも大幅に不足なので、三重県の補助制度に応募することにする。

役場勤務の経験があるとはいえ、不慣れな書類作成に苦心惨憺しながら、ようやく二七五〇万円が調達でき、建物の建設には目処がついた。しかし、それでも食堂で使用する食器や設備を用意するには不足である。そこでそれぞれの家庭から使用していない食器や調理道具などを持寄り、座席の布団は古着から自分たちで縫製し、豆腐の製造機械は廃業する商店から譲渡されるなどして、ついに二〇〇五年に農村料理レストラン「まめや」の開業にこぎつけた。

料理は田楽、いり大豆、オカラコロッケ、漬物など二十数種類の地域の農家の家庭料理を、創業に参加した主婦たちが手作りで調理し、バイキング形式で提供している。その結果、開業当初の二〇〇五年の売上は年間二二〇〇万円程度であったが、毎年、八〇〇万円強の増加で、二〇一三年には、前年に店頭での地元産品の直売施設の効果もあり、八七五〇万円にまで増加し、参加する人々に世間相場の時給も支払可能になった。

## 利益より地域の発展を目指す仕掛

ここまでであれば、成功したコミュニティ・ビジネスの一例という程度であるが、北川さんの目標は地域の人々と一緒に、高齢となった農村の人々が細々と維持してきた農村文化を次代に継承することであるから、次々と仕掛を開始する。最初は利益を地域に還元することで、売上の六割を地域の食材の購入などに充当した。実際、地元の大豆を年間二四トン購入するなど、五六〇〇万円が地域に還流されている。

さらに地域の次代の若者に関心をもってもらう戦略も開始する。まず地元にある三重県立相可高等学校の現役の生徒と、そこを卒業した「まめや」のスタッフが協力して商品の開発をおこなった。登場し

**写真8・2**　毎月開催される体験料理教室

たのが地元の大豆、米粉、ゴマを原料とする「だいずん」というサブレで、地元の子供が考案した「まめや」のオリジナルキャラクター「だいずん」の形状をしており、売行きも好調のようである。

なかなかの名案が、地元の子供が採集してきた土筆やフキノトウなど山菜を買上げていることである。ただし土筆はハカマを除去してくることを買上げの条件とした。その結果、自然発生したのが一家団欒である。子供は採集には熱心であるが、面倒なハカマの除去は敬遠するので、自宅で祖父母と一緒に作業をするようになり、これまではほとんどなかった世代間での会話が進展するという副次効果が発生したのである。

筆者が訪問したとき、食堂の裏手の簡素な建物で興味ある行事が進行していた。毎月一回開催される体験料理教室である（写真8・2）。地元の学校の生徒や家族などが昼前に周辺の野山で山菜を採集し、それらを年配の人々の指導によって調理し、準備ができた段階で一緒に食事をする行事である。外部の人間には雑草でしかない山菜が立派な食材になることに生徒は感心し、全員で食事をすることにより地域や年代を超越した交流が発生している。

## 宝物の発見と人間の情熱

東京都知事時代の石原慎太郎氏は政府の役人が分厚い資料を持参して政策の説明に来庁すると「君達の地域の現実は資料に印刷されている数字でしかないだろう」と叱責しておられた。現在、進行している地方創生政策も同様で、地域ごとに相違する条件に関係なく、数字だけで消滅可能都市を勝手に選別し、首都圏内で増加する高齢人口の数字と介護施設の数字を比較しただけで、高齢人口を地方へ移住させようという国民の気持ちを理解しない政策が提言されている。

北川さんが情熱をもって推進してきた事業は、政府の地域の実態を反映しない政策のための予算の利子にもならない費用で、地域に年間一億円近い商売を登場させ、地域で生産される産品に新規の需要を提供した。しかし、その金額よりもはるかに重要な効果は、高齢者が自分の経験を活用する機会が到来して元気になり、孫子の世代と交流できる一家団欒の家庭で幸福に生活でき、結果として消滅しつつある日本の基盤である農村文化の継承を可能にしたことである。

その根源はどこにあるかといえば、地域に存在しながら見過ごされてきた宝物を発見したことである。

現在、コンニャクを凝固させるためには石灰を使用するが、それらが容易に入手できなかった山奥ではゴマの木灰による灰汁を使用していた。そのような経験豊富な人々の知識をもとに製造したところ、美味しいだけではなく、他所にない特徴をもったコンニャクができたということである。高齢の人々は姥捨の対象ではなく、知識の宝庫なのである。

しかし、宝物を発見できたとしても、それだけで地域が元気になるわけではない。さらに重要な根源は地域を元気にしたいという異常なほどの情熱をもつ人物の出現である。北川さんは自分だけが役場職員という安泰な生活を継続していては協力してくれる仲間の士気にかかわると、会社設立とともに役場を退職し、農村文化を維持するという目標を目指してきたわけであるが、そのような一途な情熱が地域に活気をもたらし、多数の人々が農村料理を目指して到来する原点なのである。

# 第9章　農業転換
## ——奥山と里山の循環が再生する農業（石川県能登半島）

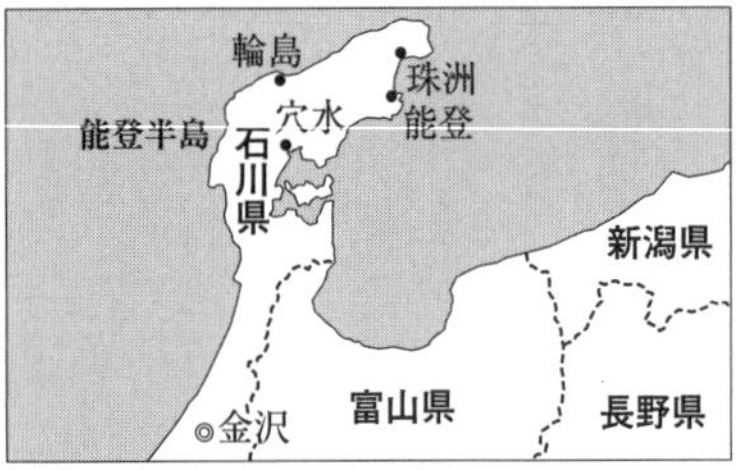


### 多種多様な日本の生物

日本の国土面積は世界で六〇番目ほどの小国であるが、意外なことに多種多様な生物が棲息していると同時に、日本にしか棲息していない固有の動物や植物も豊富な生物大国である。哺乳類は一八八種が棲息しているが、そのうち二二％に相当する四一種が日本固有である。インドネシアの四五七種（固有二二四種）やマレーシアの三〇〇種（固有三六種）と比較すれば少数であるが、インドネシアの人口密度は日本の四割、マレーシアは二割であるから、日本の数字が際立っている。

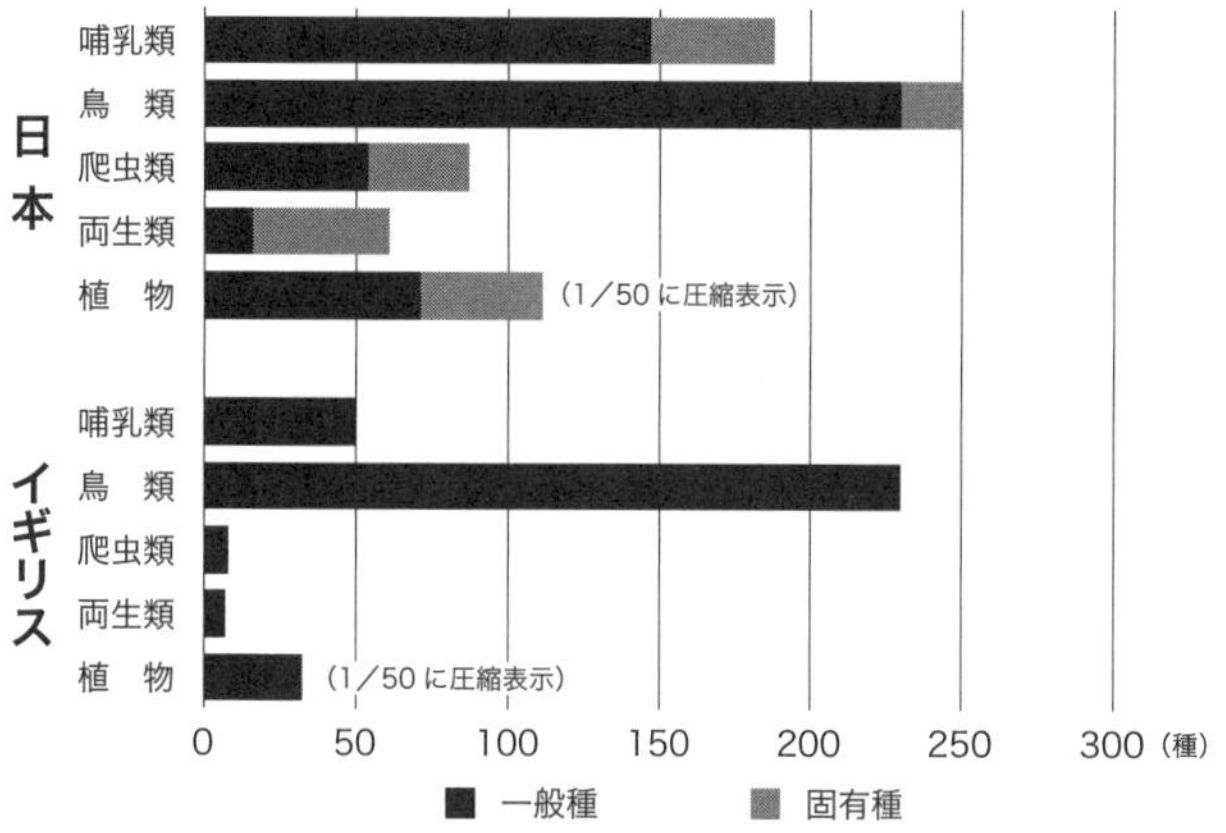


**図９・１**　日本の多様な生物
出典：「World Resources 2000-2001」（Elsevier Science, 2000）より作成

日本と同様の先進工業国家の島国であるイギリスと比較すると、日本の生物環境の特徴が明瞭になる。イギリスに棲息する哺乳類は五〇種で固有はゼロ、鳥類について日本は二五〇種（固有二〇種）であるがイギリスは二三〇種（固有ゼロ）、両生類についても日本の六一種（固有四五種）に比較してイギリスは七種（固有ゼロ）、高等植物も日本の五五六五種（固有二〇〇三種）と比較してイギリスは一六二三種（固有一六種）でしかない（図９・１）。

この大差の理由はいくつかある。第一は国土面積の差異であり、イギリスは日本の六割程度であるから、ある程度は種類の多寡に影響している。第二は南北方向の距離の相違で、日本は二八〇〇キロメートルあるのに比較して、イギリスは一三〇〇キロメートルと半分以下でしかない。その結果、日本は亜寒帯域から亜熱帯域までの気象条件の土地が存在し、それを反映して多種多様な生物が棲息するが、イギリスにはそれほ

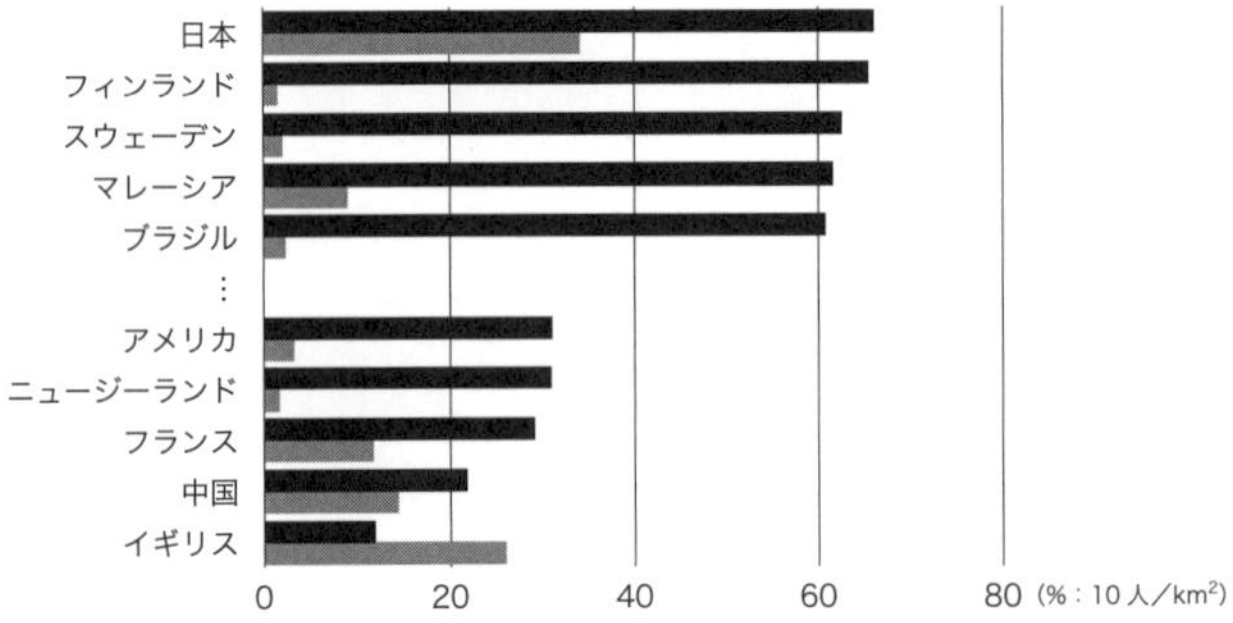


**図9・2**　森林面積比率（上段）と人口密度（下段）（2011年）
出典：FAOSTAT／Forestry 2014より作成

どの差異がない。

しかし、より重要な第三の差異は森林面積の比率である。日本は国土面積の六六％が森林で、パラオやニウエなど島国の小国を除外すれば、フィンランドの六五％、スウェーデンの六三％に匹敵する世界一位である。ところがイギリスは一二％で、しかも平方キロメートルあたりの人口密度を比較すると、日本は三四〇人であるが、イギリスは日本の七五％の二六〇人であるから、イギリスの一二％という森林面積比率が異常であることが理解できる（図9・2）。

イギリスの森林面積比率が少数であるのは二度の広大な伐採の結果である。最初は紀元一世紀頃の古代ローマによるケルト民族の攻撃である。ケルト民族は四〇〇〇年以上前からヨーロッパ全域に生活しており、時期は明確ではないもののブリテン諸島にも勢力を拡大していた。しかしユリウス・カエサルの『ガリア戦記』に記録されているように、紀元前一世紀に古代ローマが北方に進出し、ブリテン諸島のケルト民族も北方に駆逐していった。

一世紀末の皇帝ハドリアヌスと二世紀初の皇帝アントニヌスの

時代には、現在のイングランドとスコットランドの境界まで進攻し、ケルト民族の北側からの逆襲を防御するため、世界文化遺産に登録されているハドリアヌスの長城（一一八キロメートル）とアントニヌスの長城（六〇キロメートル）を建設した。しかし当時は一帯が鬱蒼とした森林であり、その内部から奇襲されることを危惧し、見通しを確保するために森林を伐採してしまったのである。

第二の伐採は有名であるが、産業革命の初期に製鉄の熱源として大量の木材を使用したことである。中世の伝説の人物ロビン・フッドはシャーウッドの森林に生活していたとされるように、一六世紀まではイングランド全域が森林地帯であった。しかし、重要な産業となった製鉄が木材を主要な熱源としはじめ、石炭が本格使用される一七世紀までに森林が次々に伐採され、国土面積の約一二%しか森林が残存しない国家になったのである。

日本は列島の中央に脊梁山脈といわれる背骨が存在し、その両側は急峻な斜面であるために高山まで伐採することが困難であったという理由もあるが、同時に自然崇拝を基礎とする神道の影響により、立派な巨木は神木、巨大な岩石は磐座という神聖な存在として崇拝してきたことが森林の維持されてきた重要な理由である。その神聖な一帯は「奥山」として人々の立入りを制限し、手前は「里山」として人々が利用するというのが自然理解の基本であった。

歴史のある神社の数多くは、この奥山と里山の境界に建立されている。奈良県桜井市にある日本最古の神社の一社とされる大神神社は拝殿のみで本殿がないことで有名であるが、それは背後の三輪山を神体としているからである。現在でこそ摂社の狭井神社の横手から登坂が許可されているが、明治時代以前は神主といえども三輪山への登坂は禁止されていた。その結果、三輪山には古代からの自然環境が維持されている。

この奥山と里山の関係が日本の自然環境を維持してきた。それは自然の循環の維持である。海面から蒸発した水分は雨水として奥山に降下し、源流から里山を経由して海洋へ循環する。サケやアユなどの魚類も海洋から河川を奥山まで遡上して産卵し、孵化した稚魚は河川を下降して海洋へ回帰するという循環活動をしている。最近では里山を通過する河川を里川、その流入する海域を里海と名付けているが、この奥山、里山、里川、里海を物質や生物が循環する仕組が日本の自然を維持してきたのである。

この自然の循環を遮断すると、どのような事態が発生するかを証明する好例がある。アフリカ大陸の北部を南側から北側へ流下する世界最長の大河ナイルの下流では毎年九月になると、上流の降雨のため川幅が通常の八倍にもなるほど氾濫していた。これを阻止するため、エジプトを支配していたイギリスが河口から一〇〇〇キロメートルほど上流のアスワンにダムを建設した。堰堤の延長一九五〇メートル、高さ三六メートルのアスワン・ロウダムは一九〇二年に完成した。

しかし、このダムでは十分ではないということで、第5章でも紹介したが、第二代大統領ガマール・アブドゥル＝ナセルはソビエトの支援により、それより六・四キロメートル上流に堰堤の延長三八三〇メートル、高さ一一一メートルのアスワン・ハイダムを建設し、一九七〇年に完成させた。これにより琵琶湖の面積の八倍、貯水量が五倍という巨大な湖水が誕生するとともに、一二基の発電機により二一〇万キロワットの電力も供給できることになった。

最大の目的である洪水の発生を防止することもでき、成功のようであったが、巨大な問題が発生した。古代ギリシャの歴史家ヘロドトスの「エジプトはナイルの賜物」という言葉があるように、岩手県と秋田県の面積に匹敵する河口のナイルデルタはナイルの氾濫が毎年もたらす肥沃な土壌のために何千年間も農業が持続できたのであるが、それが阻止された結果、一気に作物の生育が貧弱になり、大量の化学肥料を必要とする耕地になってしまったのである。

## 里山と里海の舞台・能登半島

この対極にある自然の循環を維持してきた日本の伝統農業が二〇一一年に世界に認知されることになった。同年六月に北京で開催された国際連合食料農業機関（FAO）の会議で「トキと共生する佐渡の里山」と「能登の里山里海」が世界農業遺産（GIAHS）に認定されたのである。この制度は世界各地で維持されている地域の自然環境を保全しながら生産を維持している伝統農業を次代へ継承していくために二〇〇二年に創設されたものである。

それまでに「マグレブ砂漠のオアシス農業（アルジェリア）」「アンデス山脈の農業と牧畜（ペルー）」「イフガオの棚田（フィリピン）」など一〇ケ所が認定されていたが、いずれも発展途上諸国に存在する事例で、日本の二例は先進工業国家で認定された最初の事例となった。二〇一七年現在、一七ケ国にある三八地域が認定されているが、日本に八地域あり、日本の農業方式が環境時代に重要な意味をもっていることが理解できる。

能登半島は縄文時代の遺跡も存在する歴史のある地域であり、七一八年には能登国という行政区分になっていた。対岸の大陸まで約八〇〇キロメートルの距離にあるため、八世紀から九世紀にかけては半島の付根にある福良津（福浦港）は遣唐使や渤海使の出港する港湾であり、江戸時代になって太平洋側と日本海側の交易の主役であった北前船が寄港する港湾でもあった。そのため半島という地形でありながらさまざまな文化が交流する地域になっていた。

そのような文化を背景に維持されてきたのが伝統ある農林漁業であるが、それが現代の重要な農林漁業の形態であることを世界に認知させることに貢献したのが「能登里山里海マイスター養成プログラム」である。舞台は能登半島の北端の二市（珠洲／輪島）二町（能登／穴水）で、歴史のある地域であるものの、半島の先端という不便な位置にあるため、人口は急速に減少しており、過疎・高齢社会を象徴するような地域である。

人口総数の減少だけではなく、全国の農村地域と比較しても若年人口が極端に少数で、石川県農林水産部が二市二町の集落を対象に二〇〇九年に実施した調査によると、耕作が放棄された田畑が急増しているうえ、今後一〇年ほどで集落全体の七割で農業の就業人口がほぼ皆無となり、能登半島独特の巨大な奉燈キリコが乱舞する祭礼さえ維持できなくなるという、限界集落の定義に見事に該当する地域になっている。

## 金沢大学が開始した事業

しかし、自然環境では禄剛崎、金剛崎、見附島などの名勝、文化環境では千枚田、時国家、総持寺などの史跡、伝統行事としては各地で開催される曳山祭や日本遺産に登録されている数十のキリコなどの祭事が豊富で、このような資産のある地域を再生するべきであると登場したのが、中村浩二教授、川畠平一教授、宇野文夫教授などを中心とする金沢大学の人々と東京勤務から故郷に戻って当選したばかりの泉谷満寿裕珠洲市長である。

まず目指すべき目標を「戦略的過疎化」と設定する。これは全体の人口減少を回避することは困難にしても、世界農業遺産に認定されるほどの特徴ある里山里海という資産を新規の産業に活用することのできる人材の育成が地域再生の核心であるという発想である。至極当然のようであるが、全国各地で実施されている政府の支援などによる基盤整備よりも人材育成が重要であるという視点では新鮮な目標であった。

最初の一歩として、珠洲市中心部から約八キロメートル東側にある小泊という地区で廃校になっていた珠洲市立小泊小学校の三階建ての鉄筋コンクリート校舎を、三井物産環境基金を活用して、二〇〇六年一〇月に「能登半島里山里海自然学校」という拠点にする（写真9・1）。敷地から日本海が遠望できる絶好の位置にある。そして翌年、文部科学省科学技術振興調整費を獲得し、本来の目的である人材育成のための「能登里山マイスター養成プログラム」が開始された。

ここでは常駐の教員五名が中心となり、毎週土曜、隔週金曜で年間一六〇回の授業と実習を二年、さらに卒業論文の提出も義務とする教育を実施し、五年間で六二名のマイスターが誕生した。筆者も何回

**写真9・1**　能登半島里山里海自然学校

か講義に出向いたが、明確な使命をもった人々の受講態度は迫力を実感させるものであった。これは受講する学生だけではなく地元にも影響をもたらし、授業がおこなわれる日時には、地域の女性が学校で里山里海食堂「へんざいもん」を開業して食事を提供するという効果も派生している。

この最初のプログラムが終了する二〇一一年という絶妙の時期に「能登の里山里海」が世界農業遺産に登録され、日本の伝統の概念ではあるものの、一般には馴染のなかった里山や里海が世間に周知されることになった。それを反映して一二年からは名称を「能登里山里海マイスター養成プログラム」に拡大し、参加を容易にするため隔週土曜の毎月二回で一年の授業が開校され、三年で六六名のマイスターが巣立っていった。

この二期にわたる活動に参加した人々の出身地域の内訳を分析すると、単純な地域支援活動ではないことが理解できる。前半のプログラムでは参加した八四名のうち六割が地元出身であったが、後半では一一二名のうち地元出身は三割で、七割が地元以外に拡大している。地道な活動がマスメディアで広報されるようになった結果である。さらに世界農業遺産では先行事例のフィリピンの「イフガオの棚田」の人材育成を支援する国際活動にも発展している。

### 戦略的過疎化の実現

この人材育成活動の成果の一部を川畠教授の論文「奥野登の農業・農村は、今!!」(『農業』一五七六号)から紹介すると、金沢から通学した第一期生はプログラムを修了した人々と協力して能登産榊《ヒサカキ》の出荷体制を整備し、総出荷量を一割増加させることに成功しているし、地元で炭焼を生業とする第二期生は炭焼の伝統技術を継承しながら、休耕田畑に次代の資源を育成しておくための植林活動が評価され、総務大臣表彰を受賞している。

これら地元の人々以外に、前半のプログラムで一四名、後半で一五名になる県外から移住してきた人々も活躍している。珠洲市内に定住した第三期生は能登固有の野菜から「和製マスタード」を開発し、その製造販売とともに地域の広報活動に活躍しているし、夫婦で移住してきた第三期生は空家再生事業を開始し、空家を交流体験施設や漁村民宿に利用する活動を開始している。

これらが戦略的過疎化という目標に合致しているのは、プログラムに参加した人々が地域で活動するだけではなく、在住の人々を刺激して独自の活動を誘発していることである。二〇〇八年に設立されたNPO法人「能登半島おらっちゃの里山里海」は荒廃した山林の植林、シイタケ栽培の講習、魚介の調理の講習、山菜の採集と調理の講習などをしているし、先述の能登学舎での里山里海食堂の開設も一例である。

かつて大学の役割は教育と研究とされ、一般社会とは縁遠い存在であり、それを誇示する傾向さえあった。しかし、大学の急速な増加によって、社会貢献が追加されるようになり、それぞれ立地している地域社会に役立つ活動が要請されるようになっている。そのような視点で、金沢大学と能登半島北部の二市二町が連携して人材育成から新規事業開拓へと着実に成果をあげている活動は、二一世紀の大学と地域の関係を象徴する好例である。

# 第10章　林業転換
## ——森林を回復させる自伐型分散式林業（高知県四万十川流域ほか）

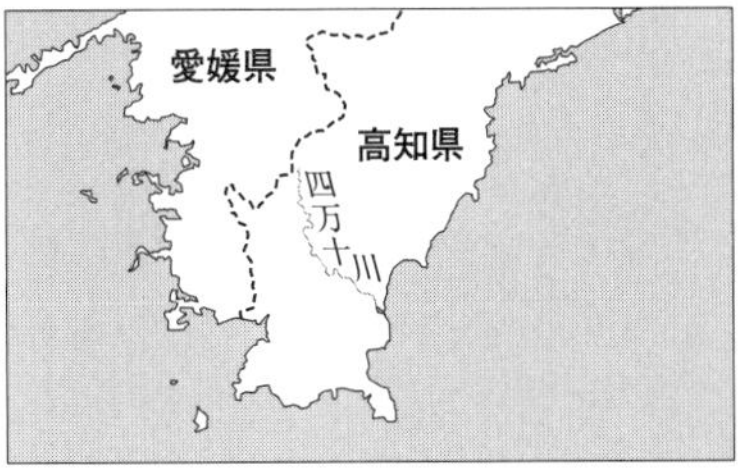


### 破綻している日本の林業

日本の国土面積の六六％は森林であり、この森林面積比率は世界で一五番目である。先進諸国で日本と同等の比率の国家はフィンランドの六五％、スウェーデンの六三％のみであるから、森林大国と表現しても過言ではない。ところが二〇一二年の薪炭を除外した用材生産量はスウェーデンの六三〇〇万立方メートル、フィンランドの四四六〇万立方メートルに比較して、日本は一八五〇万立方メートルであり、スウェーデンの三割強の規模でしかない（図10・1）。日本は木材大国ではないのである。

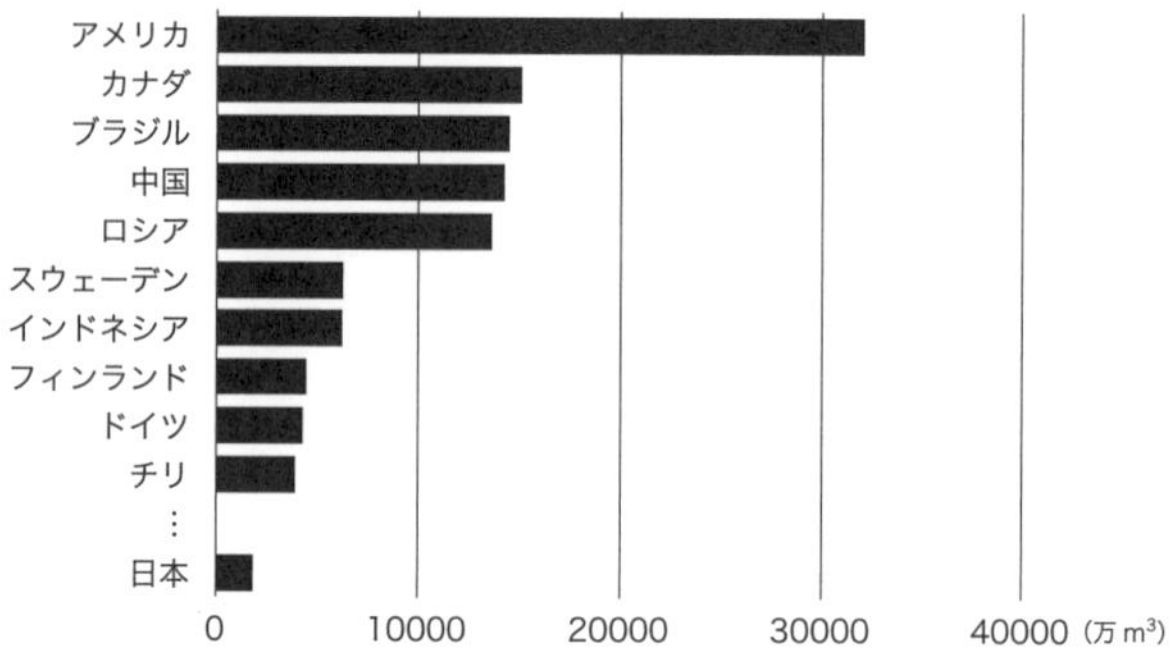


**図 10・1　用材生産量（2012 年）**
出典：FAOSTAT／Forestry より作成

しかも日本の林業は、一九八〇年前後には一兆円近い規模であったが、最近では四〇〇〇億円程度に減少し、その内訳も木材の生産は半分以下になり、シイタケなど林業副産物産出額のほうが上回っているのが実情である（図10・2）。産業規模の減少を反映し、六〇年には四四万人であった林業就業者数は二〇一〇年には七万人になり、六五歳以上の比率が四％から一八％に急増している。林業は衰退産業なのである（図10・3）。

それを反映して就業条件も良好ではない。季節や天候に左右される職場ということもあり、二〇一四年の「森林組合統計」（林野庁）によると、月給で支払われている就業者の比率は一六％で、日給や出来高制が八二％という安定しない雇用条件である。その結果、産業全体の平均所得は約四〇〇万円であるが、林業は約三〇〇万円で、一〇〇万円の差額がある。しかも仕事は危険で死傷者発生率は産業全体が〇・二％であるのに、林業は二・七％と一三倍以上になっている。当然、新規に就業する人数は年間三〇〇〇人程でしかない。

さらに驚嘆の数字が林野庁の「林業経営統計調査」という資

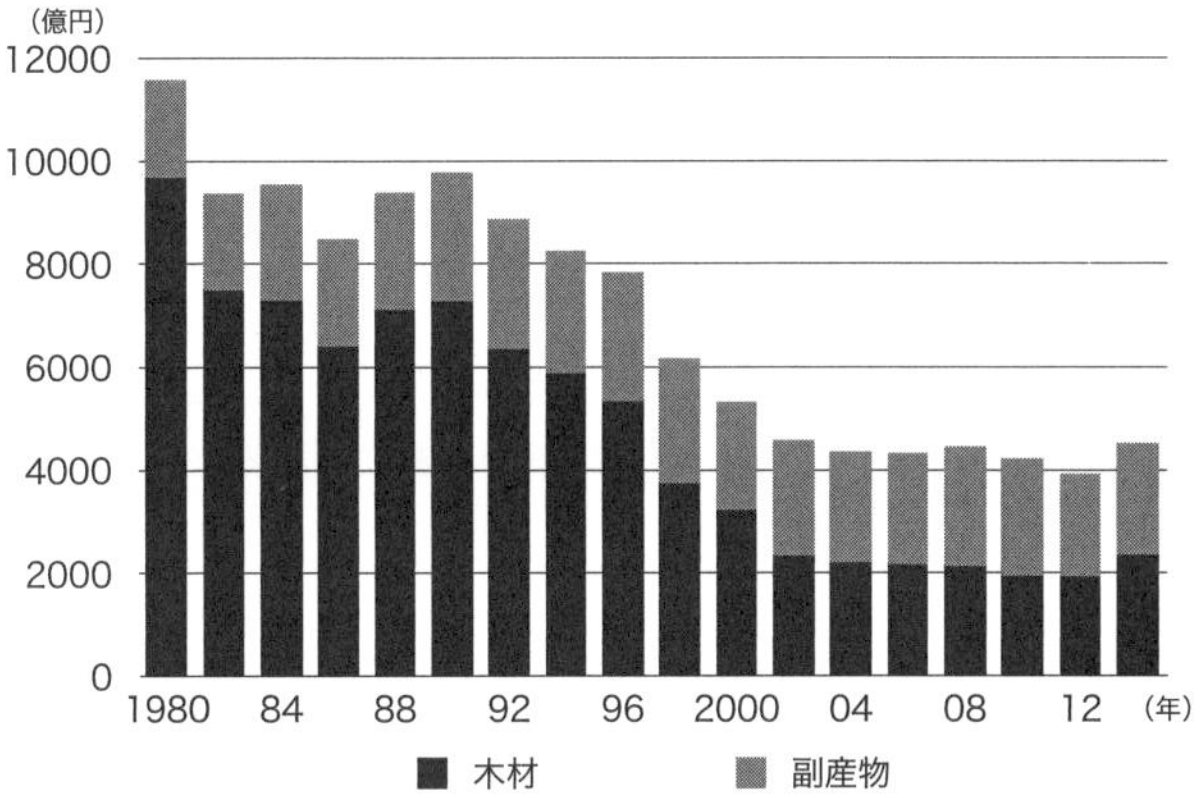


**図 10・2**　日本の林業産出額
出典：農林水産省「林業算出額」より作成

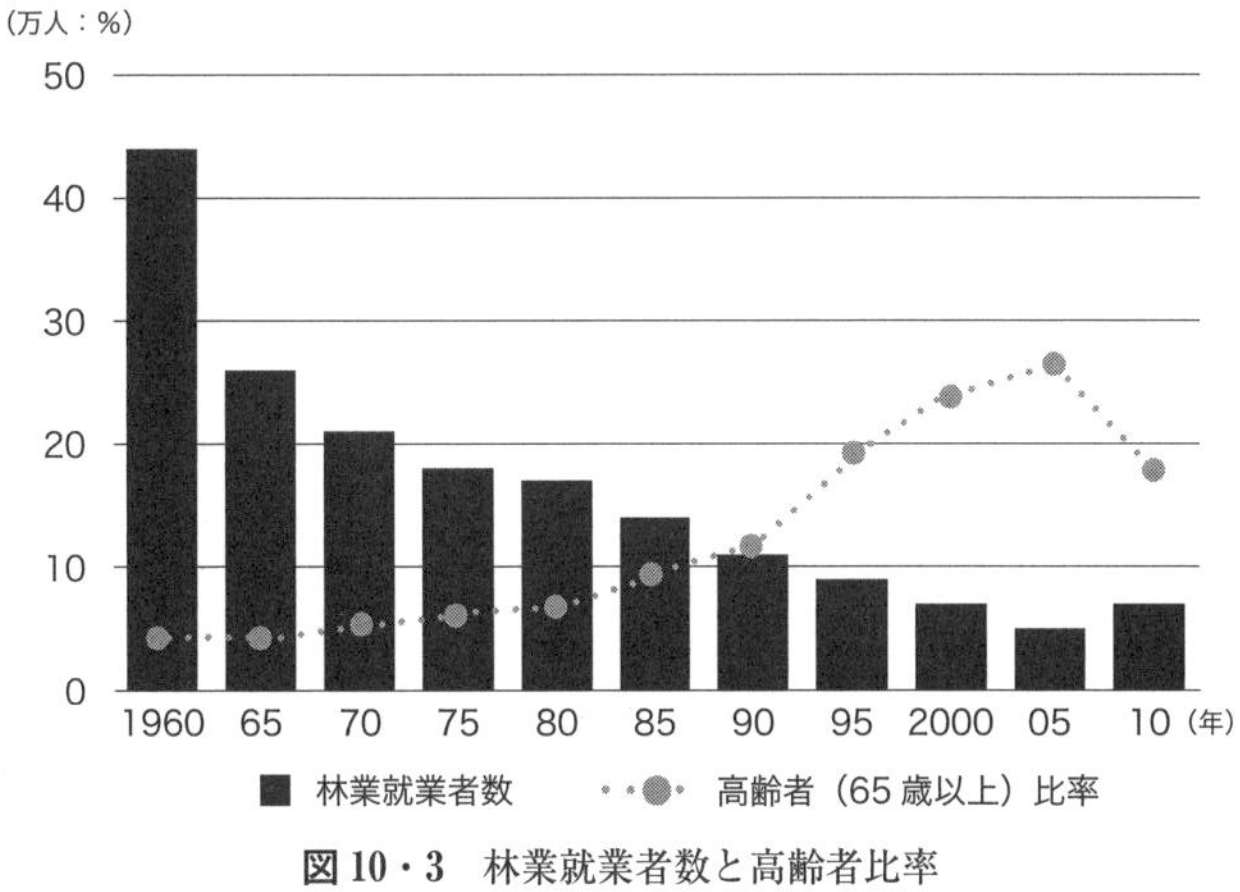


**図 10・3**　林業就業者数と高齢者比率
出典：林野庁「林業労働力の動向」より作成

料に掲載されている。二〇ヘクタール以上の山林を保有する林家というと、日本では広大な山林を保有している範疇になるが、その規模の林家の経営状況は、二〇〇八年には、林業による粗利益が一七八万円、経営費が一六八万円であるから、純利益は一〇万円にしかならない。これは月収ではなく年収であり、家族が生活できるような収入ではない。生業として成立しない産業になっているのである。

山持ちというと、地方の名家を想像させる言葉である。実際、江戸時代からの名門の林家の友人の自宅は歴史のある豪邸で、本人も氏子総代、教育委員長など、数多くの役職を引受けている地域の名士である。しかし、例外はあるにしても、実態は一般の人々が想像できない生活状況になっている。原因は、薪炭が主要な燃料ではなくなり、木造の建物の減少によって需要が減少してきたうえ、安価な外国の木材の輸入が増大してきたことである。

その現実は統計が明示している。一九八〇年代には、日本の木材需要は一億立方メートル以上であったが、最近では七〇〇〇万立方メートルと七割程度に減少する一方、六〇年代には九割程度であった国産木材の比率は、六四年に木材の輸入規制が撤廃された結果、安価な輸入木材の影響によって急速に低下しはじめ、一時は二割以下に激減した。最近ようやく三割程度に上昇してきたものの、依然として低迷したままである（図10・4）。

この状況を改善しようと、林野庁が二〇〇九年に策定したのが「森林・林業再生プラン」である。二〇二〇年前後までに木材の国産比率を五〇％以上にすることを目標に設定し、その実現のため、小規模林業家の山林を集約して数十ヘクタール以上の規模に拡大し、一式数千万円もする林業機械によって樹

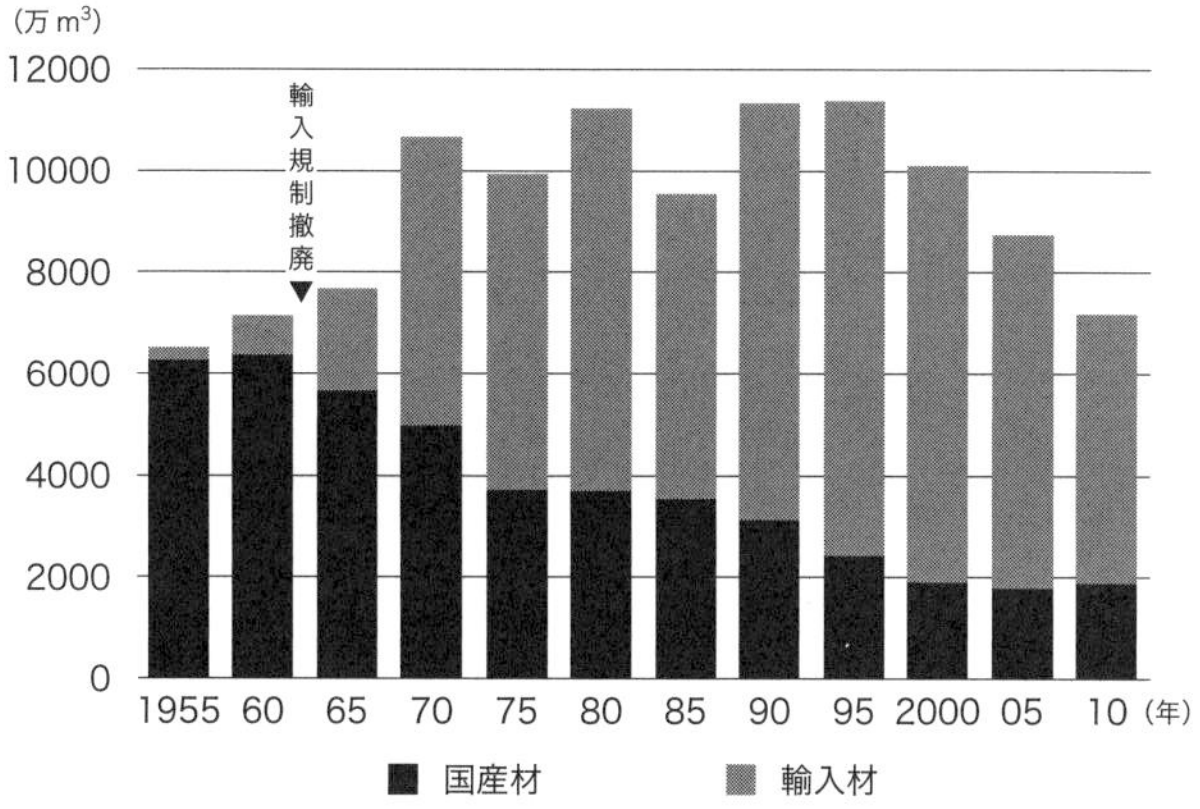


**図 10・4**　日本の木材供給の内訳
出典：林野庁林政部「木材需給表」より作成

木を伐採していく方法を立案した。そのためには大型の林業機械が進入できる林道も整備することになる。

一見、日本の林業の課題を改善できそうな政策であるが、実際は複雑な問題を発生させることになった。小規模林業家は高価な機械を購入することはできないため、施業を森林組合や専業企業に委託せざるをえなくなり、政府の支援資金も組合や企業に手渡される仕組のため、所有と経営の分離が発生したのである。その結果、何百年間も里山を維持してきた旧家は地主ではあるものの本業からは離脱することになった。

委託された森林組合や専業企業は経営本位であるから、木材を伐採する山林にそれほど愛着があるわけでもなく、採算を重視して、大型機械で急峻な斜面に強引に林道を建設し、全山の樹木を伐採して丸裸にする皆伐を推進する。伐採した樹木も建材として販売できるA材や合板の材料となるB材は搬出するものの、チップにしかならないC材は現場に放置しておくから、山林は荒廃して土砂流出や環境破壊が進行していく結果になる。

委託した林家は労働しなくても収入のある優雅な立場のようであるが、現実には生活もできない所得しかない状態になってしまう。一例として、植林から約五〇年が経過した山林の皆伐による収入はヘクタールあたり五〇万円程度であるが、将来のために植林をする経費がヘクタールあたり一〇〇万円にもなり、さらに毎年の手入れの経費も加算すると、大幅な赤字である。実際、広大な森林を保有していた歴史のある林家が森林を手放さざるをえない状況が各地で発生している。

## 登場した集約から分散への転換

経営としても困難で、森林環境も破壊する「皆伐型集約式林業」を代替するために登場した対極の手法が「自伐型分散式林業」であり、その旗手が四国を拠点とする中嶋健造さんである。最初に中嶋さんが推進している方式を説明する。自伐は自分で伐採するという意味で、森林組合や専業企業に委託するのではなく、山林の持主や地域の人々が自分たちで伐採することである。かつては常識であった林業の再生ということになる。

しかし、大型で高価な林業機械を購入し、それらが通行できる幅広い作業道路を整備するなど巨額の初期投資を必要とする方法では簡単に開始することができない。そこで極端にいえば、一人で操作のできるチェーンソーと林内で作業をする小型車両、斜面で木材を輸送する簡単なロープウィンチ、木材を運搬する小型トラックなど、総額でも数百万円にしかならない初期投資で仕事を開始できる方法である。

**写真 10・1**　活躍する林業女子

設備は購入せずにレンタルでも可能である。

大型トラックが通行できるためには幅員四メートル程度の林道の整備が必要であるが、急峻な斜面が大半である日本の山林では環境破壊となる。しかし、使用する装備が小型の作業機械と小型トラックの場合、幅員二・五メートル程度の道路を整備すれば十分である。皆伐の場合は一度伐採すると、植林した樹木が大木になるまでの数十年間は木材を生産できないが、自伐では必要とする樹木を選択伐採する間伐を中心としており、同一の山林で長期に生産が持続できることも特徴である。

## 四万十川流域の成功事例

実際の成功事例を紹介する。筆者は長年、カヌーをするために四万十川流域を訪問しているが、そのとき宿泊させてもらう友人の長男である宮崎聖さんはカヌーガイドをしていた。しかし、夏場しか仕事がないうえ天候にも左右されるので、中嶋さんなどの指導によって、二〇一一年から周辺の山主の森林を借用して自伐型の林業を開始した。幸運なことに都会からIターンで移住してきた林業女子の秋山梢さんも参加し、二人で作業をしている（写真10・1）。

二人とも経験のなかった森林作業であるが、簡単な講習などで技術を習得し、二〇一四年の秋冬の三ケ月間でA材に分類される建築用材の販売と作業道路の整備への高知県の補助で一四〇万円、従来であれば斜面に放置されるC材に分類される雑木を四万十川河口にある温泉施設の木材ボイラーの燃料として販売して一二万円の収入を確保し、経費を差引いて二人で一二〇万円の利益をあげることに成功している。

仕事をする期間のみ一人毎月二〇万円という収入は都会のサラリーマンからすれば微々たる金額でしかないが、前述した数十ヘクタールの森林を保有する日本の林家の収益が年間一〇万円という数字と比較すると相当な金額である。しかも皆伐型集約式林業では、利益を追求するために過酷な労働条件となって事故発生の原因にもなっていることと比較しても、革命と表現できる林業の登場である。

## 推進の旗手による躍進

自伐型分散式林業は全国各地で導入されはじめているが、この方式を地域再生の手段として利用しはじめたのは二〇〇三年に設立された高知のNPO法人「土佐の森・救援隊」である。その設立に参加して、現在、理事長をしているのが中嶋さんである。この活動の推進の動機は、世間では地方創成や地方再生の掛声が活発であるが、主要な対象は地方都市であり、国土面積の七三％にもなる中山間地への視点がほとんど存在しないことへの疑問とのことである。

実際、日本の中山間地に生活する人口は一四％であるが、その地域の森林面積は日本全体の八〇％にもなる。この森林の価値を産業の視点だけから計算すれば前述のように四〇〇〇億円でしかないが、水源の維持、動物や植物の棲息、酸素の発生、斜面崩壊の防止などの価値は年間七〇兆円以上になるという推計もある。そのような価値のある森林を地域の人々の活動により維持していこうという決意が中嶋さんの原点になっている。

そのため二〇一四年にはＮＰＯ法人「自伐型林業推進協会」を設立して代表理事になり、時間の大半は全国を行脚して啓蒙や指導に邁進している。その熱心な活動の結果、二〇一五年四月には約四〇名の国会議員による「自伐型林業普及推進議員連盟」も誕生した。議員の応援が有効かどうかには異論があるにしても、現場を熟知しない政府の役人の経済論理から作成された政策から、現場に根差した地域の人々の地域論理の発想へと逆転した事件である。

外国から飛行機で帰国するとき、日本上空に到達すると、眼下の景観が緑色に変化し感動する。世界の陸地の森林部分を表示した地図を俯瞰すると、森林面積は三〇％でしかない。日本の六六％という比率は異常と表現してもいい国土である。しかも四割は人工林である。人々が木材を利用しながら森林を手入れして維持してきた結果であり、この人間と森林の関係が日本の精神文化の根底に存在する。そのような意味でも、自伐型分散式林業は産業以上の意味がある。

# 第11章　漁業転換
## ——若手の育成で躍進する漁業（石川県「鹿渡島定置」）

### 衰退する漁業大国と魚食大国

日本は世界有数の魚介の生産大国であり消費大国であった。しかし、この地位は急速に低下している。まず生産の実際を紹介すると、第二次世界大戦後の一九五〇年、日本の漁業生産は世界の約一六％を占有して一位、一〇年後の六〇年も約一七％で一位であった。七〇年はペルーがアンチョビの大漁で一位になったため日本は二位になるが、八〇年には約一五％で再度一位に復活し、九〇年も占有比率は約一一％に低下したものの一位を維持していた。

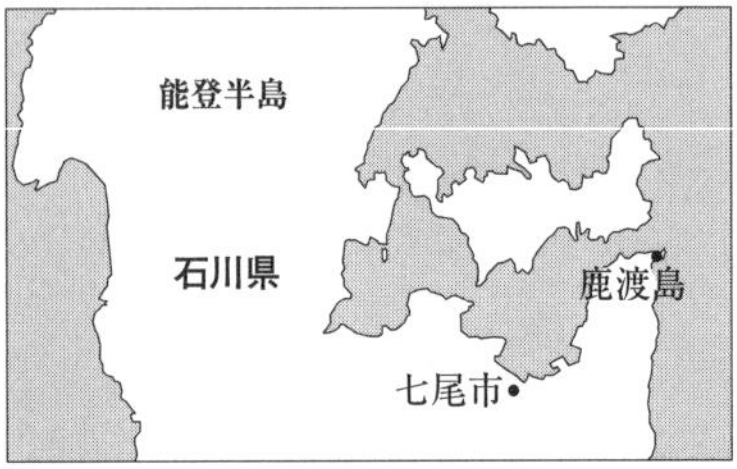

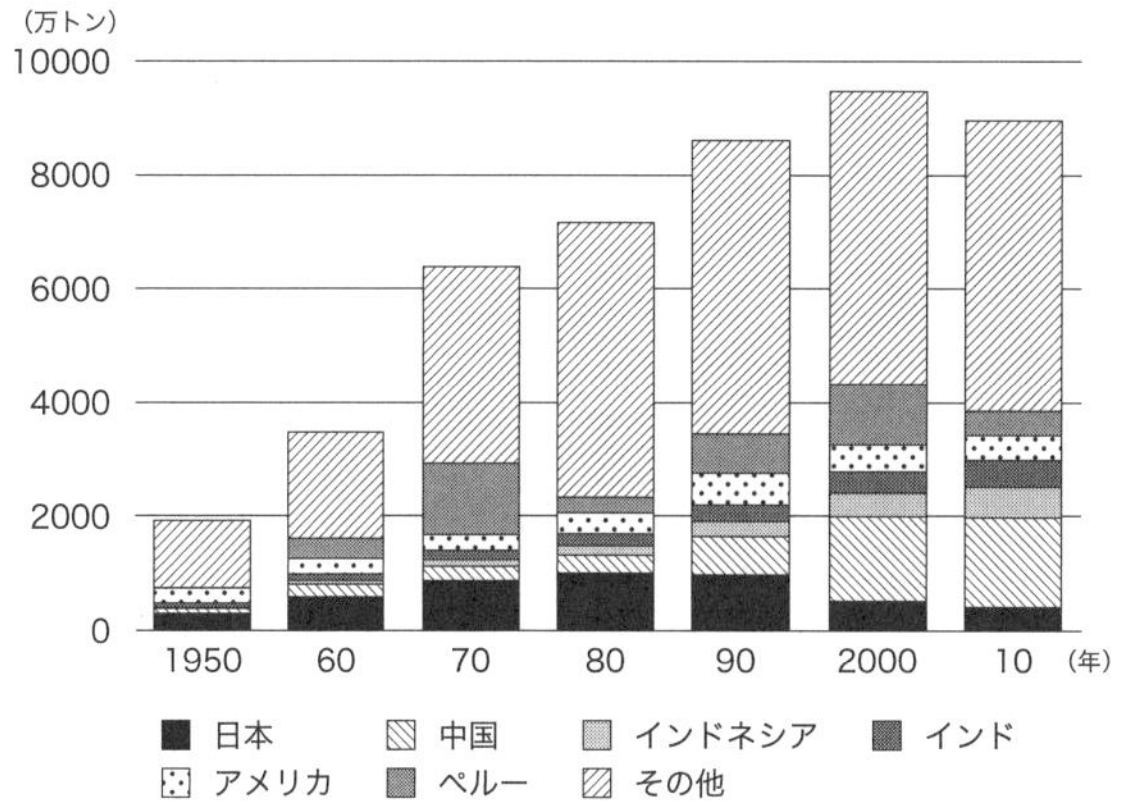


**図11・1**　世界の漁業生産量
出典：FAO FishStat より作成

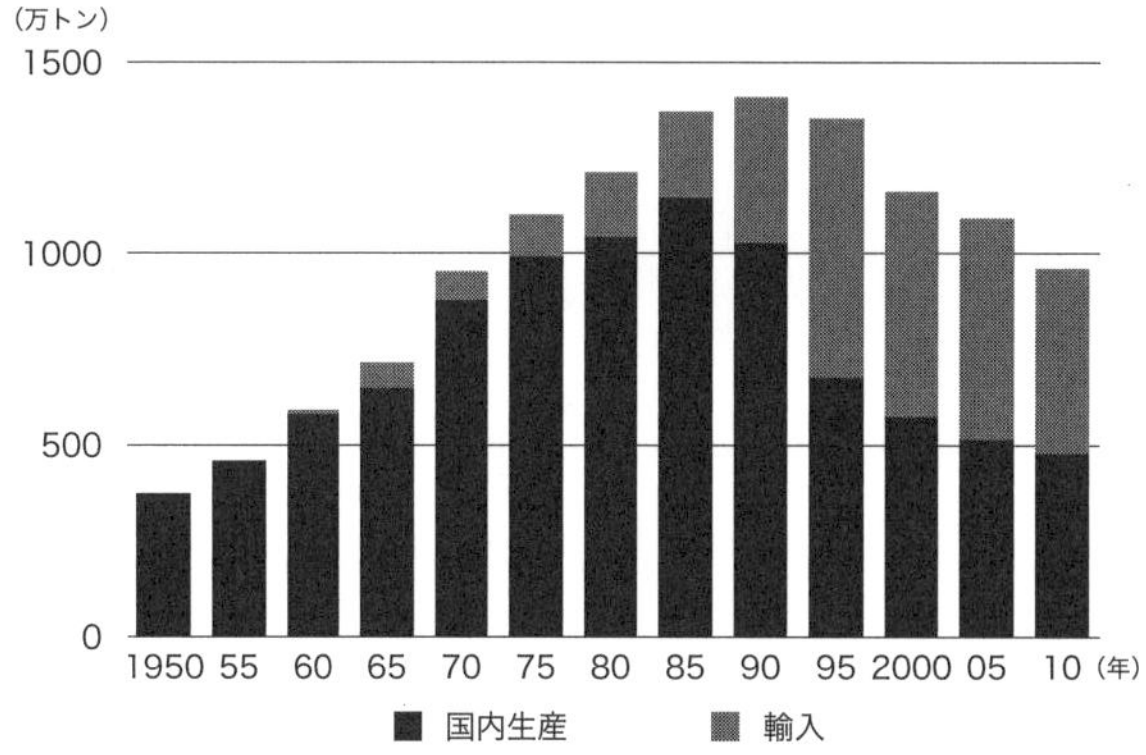


**図11・2**　日本の漁業生産量と輸入量
出典：農林水産省「食料需給表」より作成

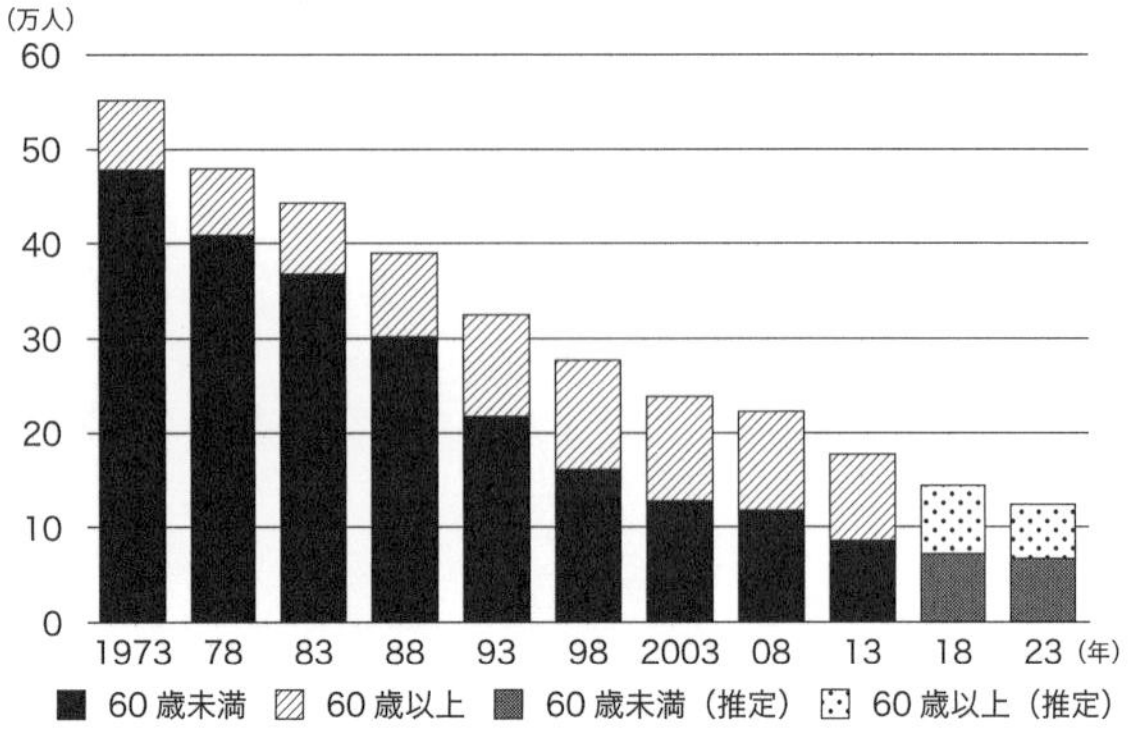


**図 11・3**　日本の漁業就業者数
出典：農林水産省「漁業センサス」より作成

ところが二〇〇〇年になると、中国が国内需要の急増で世界の約一六%の収量をあげて一位に突然浮上する一方、日本の収穫は五%に低下し、順位も三位になり、さらに一〇年は五%で六位にまで低下してしまう（図11・1）。かつて日本は魚介の輸出大国であった。しかし、このような状況を反映し、一九九〇年までは国内で消費される魚介の約八〇%は国内生産であったが、二〇〇〇年には約五三%、一〇年には約五五%となり、魚介の輸入大国になってしまう（図11・2）。

それと同期するように、動力漁船の隻数も、一九八〇年の四二万隻を頂点に減少しはじめ、二〇一〇年には二八万隻になった。そして一九五〇年に六九万人であった漁業の就業者数も急速に減少して二〇一三年には一八万人と四分の一近くになるとともに、農業や林業と同様に高齢者が中心になる。一九七三年には約一三%であった六〇歳以上の比率は九八年には約四二%、二〇一三年には約五〇%に急増し、盛期の面影はなくなってしまった（図11・3）。

生産の不振に呼応するのが消費の減少である。日本で一人

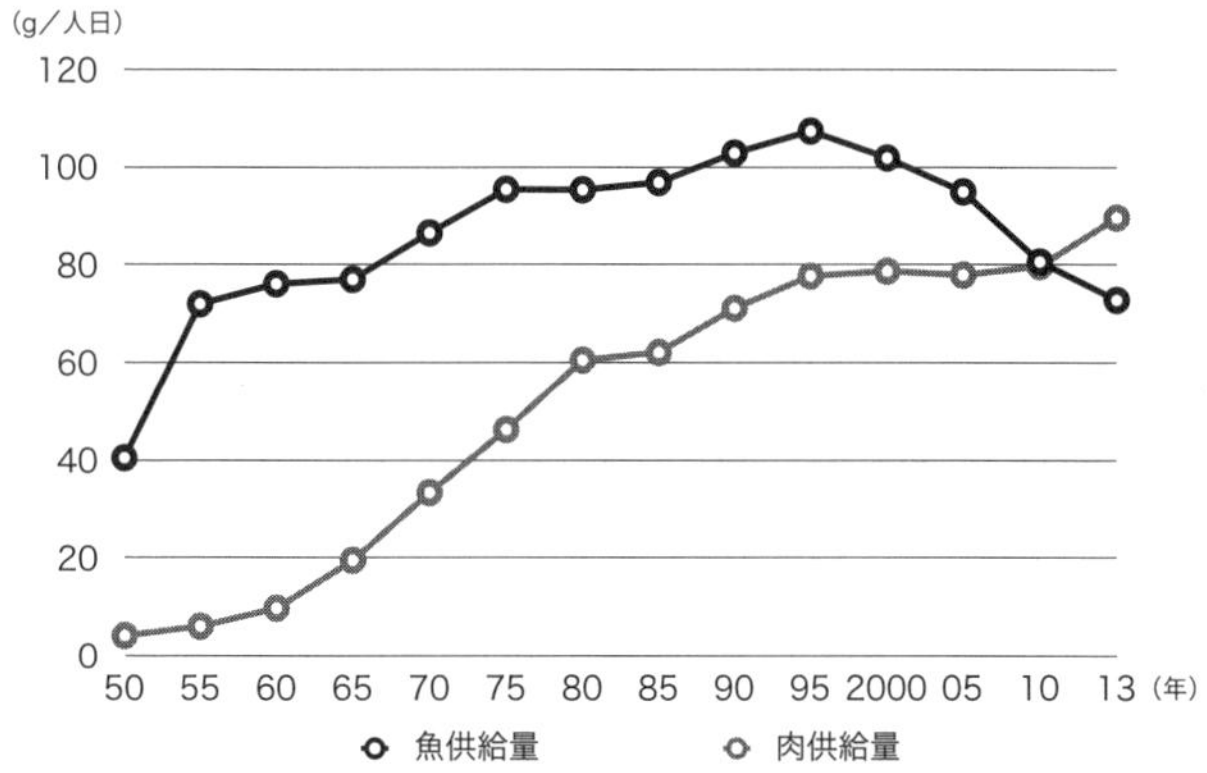


**図11・4**　日本の魚供給量と肉供給量
出典：農林水産省「食料需給表」より作成

一日あたりに供給される魚介は一九八〇年代から二〇〇〇年頃までは約一〇〇グラムであったが、そこを頂点として減少しはじめ、一〇年には八〇グラムになり、順位でも世界三位に後退してしまう。その一方、終戦直後には五グラムにもならなかった肉類の供給は七〇年の三三グラムから九〇年に七一グラム、一〇年に八〇グラムと魚介に匹敵するまでに増加し、一三年には逆転してしまう（図11・4）。

これは国民の嗜好の変化と片付けるわけにはいかない問題である。第5章で紹介したように、二〇一三年に和食が「和食・日本人の伝統的な食文化」としてユネスコの無形文化遺産に登録されたが、和食の栄養学的価値を最初に確認したのはアメリカであった。肉食偏重のためアメリカで生活習慣病が増加していることを憂慮したジェラルド・R・フォード大統領が、食事を根本から見直すための調査を国民栄養問題アメリカ上院特別委員会に命令し、ジョージ・マクガバン上院議員が委員長となって世界の食事を調査した。

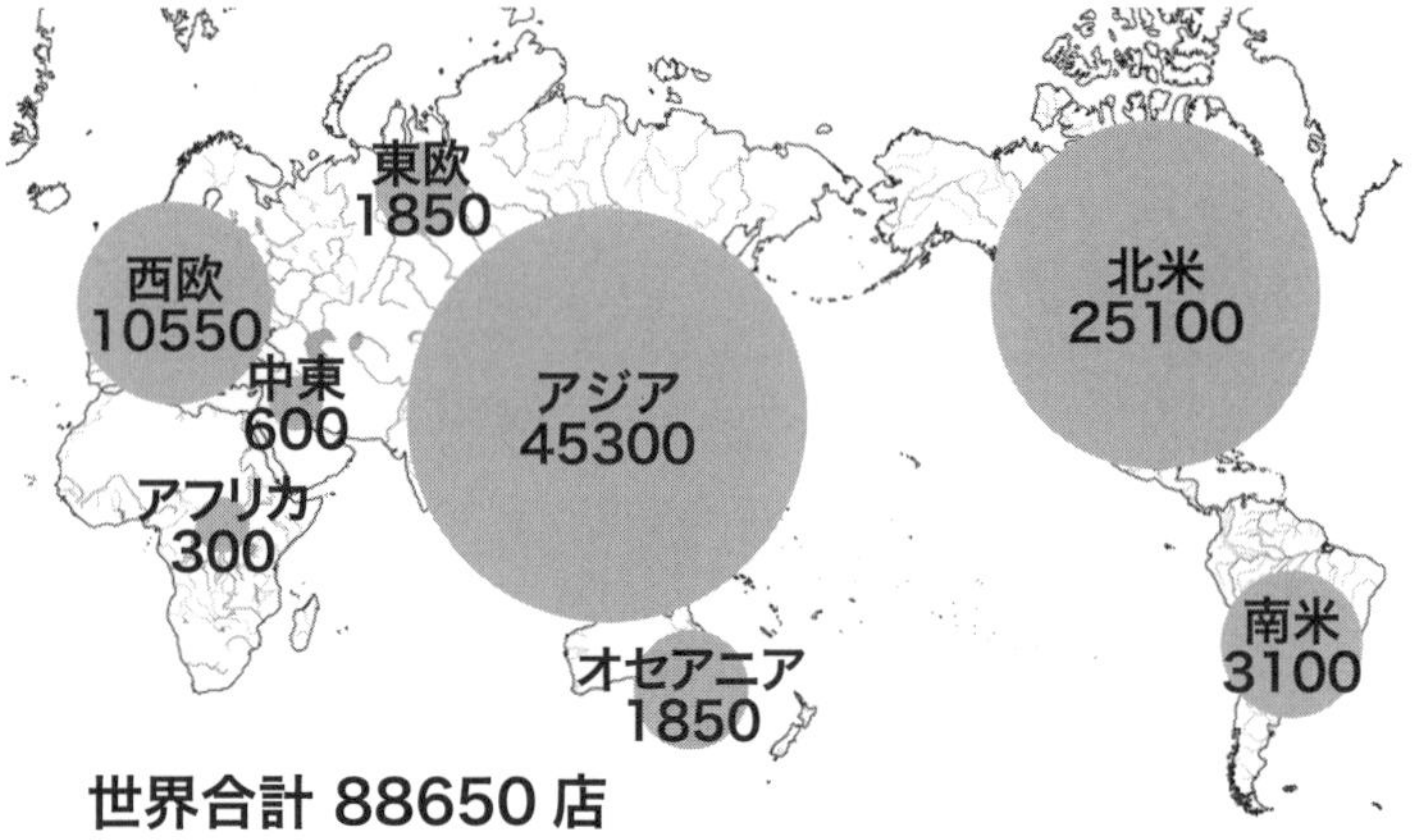


**図11・5**　海外の日本料理店の分布
出典：農林水産省「海外における日本食レストランの数」（2015年7月）より作成

　一九七七年の報告書では、六項目の食事目標が提案された。主要な内容はエネルギー摂取の六割を炭水化物にし、脂肪の摂取を三割に減量する。コレステロールの摂取を一日三〇〇ミリグラム、食塩の摂取を一日三グラムに制限するというような内容であった。そのためには肉類の摂取を減少させ、精白しない穀類、野菜、魚介などの摂取を増加させることとされた。これは元禄時代以前の日本の庶民の食事に相当し、世界で和食が評価される契機となった。

　それは雑穀と海草と野菜と魚介の組合せという食事であるが、この情報により欧米諸国で和食が評価されるようになり、現在、世界には八万以上の日本料理店が営業するまでになっている。電話帳に登録されている国内の日本料理店のほぼ二倍である（図11・5）。さらに青魚や海草に含有されるＥＰＡやＤＨＡが心臓疾患の発症を二割程度低下させるという研究結果も発表されている。魚食は伝統文化という視点だけではなく、健康維持の視点からも評価されるべき時代である。

## 定置網漁で革新を進める「鹿渡島定置」

この重要な魚介を供給する漁業の理解のため、まず海面漁業の種類を紹介する。漁業は海岸から約三七〇キロメートルまで沖合の排他的経済水域（ＥＥＺ）より外側で操業する遠洋漁業、その内側で漁船が一泊以上の日数をかけて操業をする沖合漁業、日帰りで操業する沿岸漁業に大別される。一九五〇年頃まで、日本の漁業は遠洋漁業が四割以上であったが、次第に沖合漁業が主流になり、六〇年代の四割から最近では六割になっている。

沿岸漁業は歴史があるため、さまざまな漁法が工夫されている。浅海で小舟から海底の海草や貝類を採集するのも沿岸漁業であるし、船上から釣糸でイカや魚類を釣上げるのも沿岸漁業であるが、量的には漁網を使用して大量の漁獲を目指す漁法が主流である。魚群を発見して船上から漁網を投入する方法に巻網漁、底引網漁があり、魚群が通過する海中に、あらかじめ漁網を設置しておくのが刺網漁と定置網漁である。

今回紹介するのは浮魚といわれる海面付近を遊泳する魚類を対象とする定置網漁を仕事としている「鹿渡島《カドシマ》定置」という会社である。能登半島は石川と富山の両県から日本海側に突出した南北八〇キロメートルの巨大な半島で、その東側の中間に能登島が存在する七尾湾がある。その南側の崎山半島の先端に鹿渡島漁港があり、そこを基地とし、沖合の富山湾内に設置された定置網を漁場としているのが鹿

**写真11・1**　船上での神経締め作業

渡島定置である。

現地で一九トンの漁船に乗船して定置網漁を見学させてもらった。暗闇の午前二時前後から、漁師が漁港に三々五々集合し、装備の確認をする仕事、漁港の片隅にある製氷装置で製造した海水のシャーベット状氷を漁船に積込む仕事など、それぞれの分担の準備を手際よく開始し、午前三時頃に特別の合図もなく埠頭から出港する。約三〇分で沖合の漁場に到着すると、海中に仕掛けてある定置網の端部を船上の装置を使用しながら巻上げていく。

やがて内部に魚影が出現し、さらに巻上げていくと大量の魚群が浮上してくる。それを巨大なタモで採集しては船倉に投入し、それが終了すると、再度、定置網を海中に投入して作業終了である。この会社は二ケ所に定置網を設置しているので、両方で同様の作業をすると夜明けになり、午前五時前後に帰港する。冬場や荒海のときには大変な仕事であると想像されるが、乗船したときは平穏な海面で、意外に簡単な作業という印象であった。

しかし、この会社では収穫するだけではなく、魚類の付加価値を向上させるため、船上で特殊な作業を実施している。高価な魚類のみを対象とし、神経締めをするのである（写真11・1）。魚類は死後一時間程で筋肉が硬直しはじめ急速に鮮度が低下する。それを遅延させるために頭部から細長いワイヤーを挿入し、延髄や脊髄を破壊し、氷水の水槽に投入しておくと、死後硬直の開始時間を二〇時間から二四時間ほど延長でき、鮮度が保持できるという目的の作業である。

## 次々と改革を推進する企業

このような作業であれば、全国で同様の作業をしている漁業組織は多数存在するが、この「鹿渡島定置」には従来の漁業を変革しているさまざまな活動がある。前述のように、漁業は農業・林業などの一次産業と同様に平均年齢が高齢という特徴があり、この会社も二五年前の創業当時の平均年齢は約六〇歳であった。ところが、現在では一五名の社員のうち、二〇歳台が半数以上の九名で、平均年齢は三五歳に若返っている。

これは自然に若返ったわけではなく、創業した酒井秀信社長の明確な目標設定により実現した結果である。遠洋漁業や沖合漁業は魚群を追跡して大量に漁獲するので乱獲になりがちであるが、定置網漁は一定の場所を通過する魚類のみを捕獲する方法なので、近年、環境保全に適合していると評価されはじめている。この漁法を次代へ継承したいという目的で「酒井定置網研修館」を開設し、若手の育成も推進しているのである。

ここでは国内の若手の育成だけではなく、台湾やスリランカなど海外の漁業志望の若者も受入れてきた。その研修の成果により、所属する漁師全員が石川県漁業者認定制度の「漁業士」の資格を取得している。これは技術だけではなく流通・経営・衛生などにも精通していることが要求され、経験三年以上の漁師が約一週間の講習を受講して認定される資格であるが、石川県内には二〇〇名程度しか存在しない資格である。

資格を取得しただけでは能力が発揮できないが、会社では、そのような若者を次々と自社で登用し、船上で指揮をとる漁労長を一〇名以上も輩出している。筆者が乗船したときの漁労長も三〇歳台の若手であった。そのような優秀な若手が事業を継承できるように、二〇一三年には株式会社にし、神経締めの技術の習得のためには社員を先進漁業組合で研修させ、結果として全員が高度な技術を習得している組織になっている。

## 地域社会に立脚する産業

これまで漁師は漁獲専門で流通は市場や仲買に依存してきた結果、生産段階より高率の流通段階の付加価値を吸収できなかった。そこで流通に参入するため、漁港付近に「魚工房・旬」を設立し、自社で獲得した魚介を干物や粕漬や酢漬などに加工し、従来は商品にはならなかった雑魚も揚物にして直販するような六次産業への発展も推進させている。エチゼンクラゲが北上して漁場で邪魔になったときには、逆転の発想で中国の技術を導入して商品に加工して販売する商売もしてきた。

社会では産地直送が流行している。途中の流通過程を省略して生産者側と消費者側を直結して双方に利益があるという仕組にする目的であるが、ここでは魚介という産品の直送だけではなく、生産者側の気持ちも直送するという活動が展開されている。筆者が乗船した漁船に、漁業の現場を体験するために神奈川県の魚料理店の店員が何人か同乗していた。それらの人々が生産の現場を体験することにより、魚介料理を愛情をもって提供できる効果があるとのことである。

このような商売に関係する人々に現場を体験してもらう企画から発展し、二〇一七年秋から、一般の人々に四〇〇〇年以上の伝統のある定置網漁を体験してもらう事業が開始された。操業している漁船を伴走する小舟から見物する観光漁業は各地で実施されているが、筆者が体験したような操業最中の漁船に乗船して見学するのである。これは漁師と仲介する流通業者との関係だけではなく、最終段階で消費する人々との関係が漁業にとって重要であるという理念から登場した事業である。

さらに地域あっての漁業という視点から、帰港した漁船の収穫を漁港の片隅で直接販売する商売も実施している。同乗した漁船が帰港したときも、早朝から多数の地域の人々が買物に到来し、新鮮な魚介を購入していた。生産と消費が直結することにより、地域に安価な魚介を提供していることになる。さらに移動販売車両も用意して、買物難民の高齢の人々が生活する地域で鮮魚や加工産品を販売する巡回サービスも実施している。

このような商売拡大のための地域貢献だけではなく、若者が都会に通勤し、日中は高齢の人々だけになる集落に災害が発生したとき、自社の若者が車両や設備を駆使して救助活動をする体制も整備している。政府の地方創生政策は地域の人口回復や経済再生を目指しているが、期待ほど効果がないのが現状である。この鹿渡島定置の活動は地域社会の維持が産業活動の基礎であることを証明する貴重な実例である。

# 第12章　離島転換

——離島を躍進させる自立精神（島根県海士町）

## 世界有数の島国・日本

日本は島国といわれるが、それは日本の国土の主要な部分が北海道、本州、九州、四国という四島から構成されているという地理状態と同時に、多数の離島が存在するという意味でもある。「島」の定義はいくつかある。地理学上はオーストラリア大陸までを大陸とし、それより面積の小さい陸地を島としているから、最大のグリーンランドは日本全体の面積の五・七倍もある島であり、本州も世界七位の面積をもつ島ということになる。

中国が南支那海のスプラトリー諸島のいくつかの珊瑚礁を埋立て、領土であると主張してきたが、二〇一六年に常設仲裁裁判所で法的根拠が否定された。国際連合海洋法条約では、島の条件を自然に形成された陸地であり、周囲が水面であり、水面が最大に上昇したときでも全体が水没しないこととしている。しかし、中国は海面が最大に上昇したときには全体が水没する珊瑚礁（潜礁）の周囲の土砂を浚渫して盛上げて陸地にしているから否定されたのである。

日本では海上保安庁が海図を根拠に、満潮のときの海岸線の延長が一〇〇メートル以上ある陸地を島と定義し、北海道、本州、四国、九州、沖縄の五島以外に六八四七の離島が存在するとしている。世界最多の島を保有するインドネシアが国際連合海洋法条約の定義に準拠して名称を確定した島の数は一万三四六六で日本の二倍であるが、二位であるフィリピンは七一〇九であるから、日本の六八四七という数字は世界でも有数である。この離島は日本にとって重要な意味がある。

国土の海岸線から沖合一二海里（約二二キロメートル）までは国家に主権がある領海であり、二〇〇海里（約三七〇キロメートル）までは排他的経済水域（ＥＥＺ）という名前で、水産資源や鉱物資源を独占して開発利用できる権利がある海域とされている。日本は多数の離島の恩恵で、世界六位の海洋面積を占有しており、陸地面積だけでは世界の六二番目であるが、陸地と領海と排他的経済水域を合計した面積では、一気に世界九位の大国に躍進する（図12・1）。日本は海洋大国なのである。

それ以外にも、離島には漁業の基地、観光の拠点、国防の前線など重要な役割があるが、その離島に深刻な事態が発生している。六八四七の離島のうち住民が定住している有人離島は六％の四一八しかな

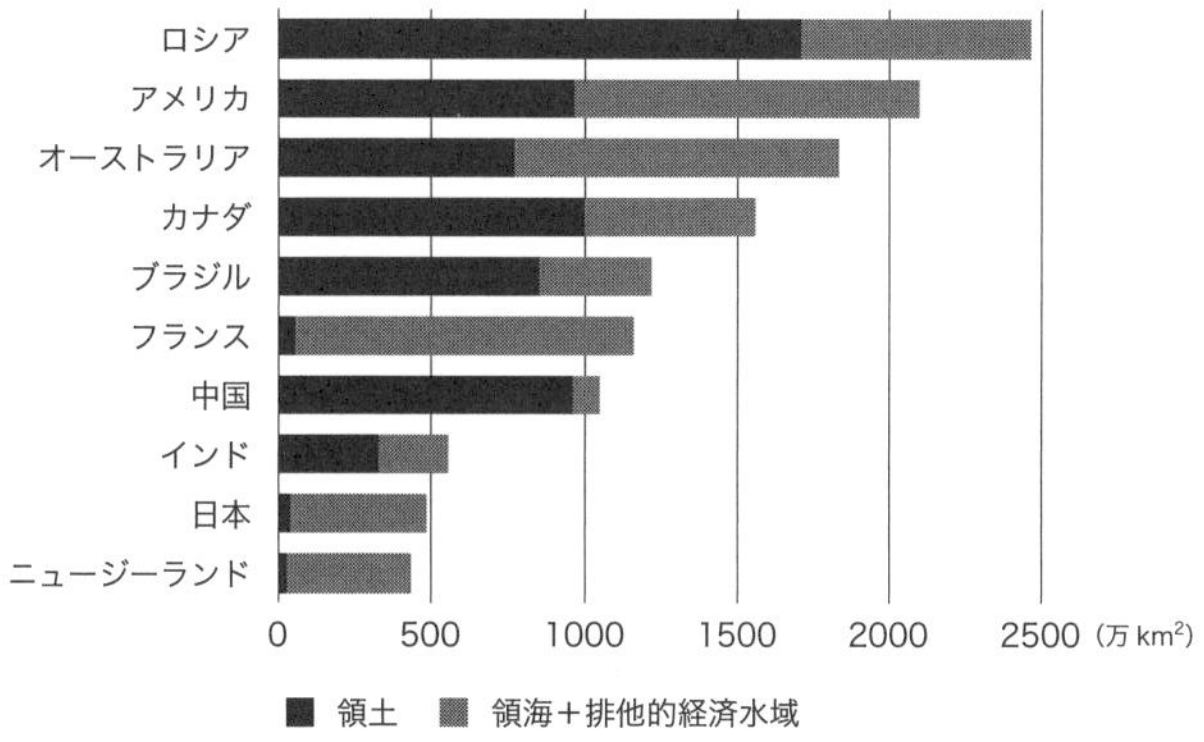


**図 12・1**　領土と海洋の面積
出典：United Nations「Demographic Yearbook」2012／シップ・アンド・オーシャン財団「海洋白書」2004 より作成

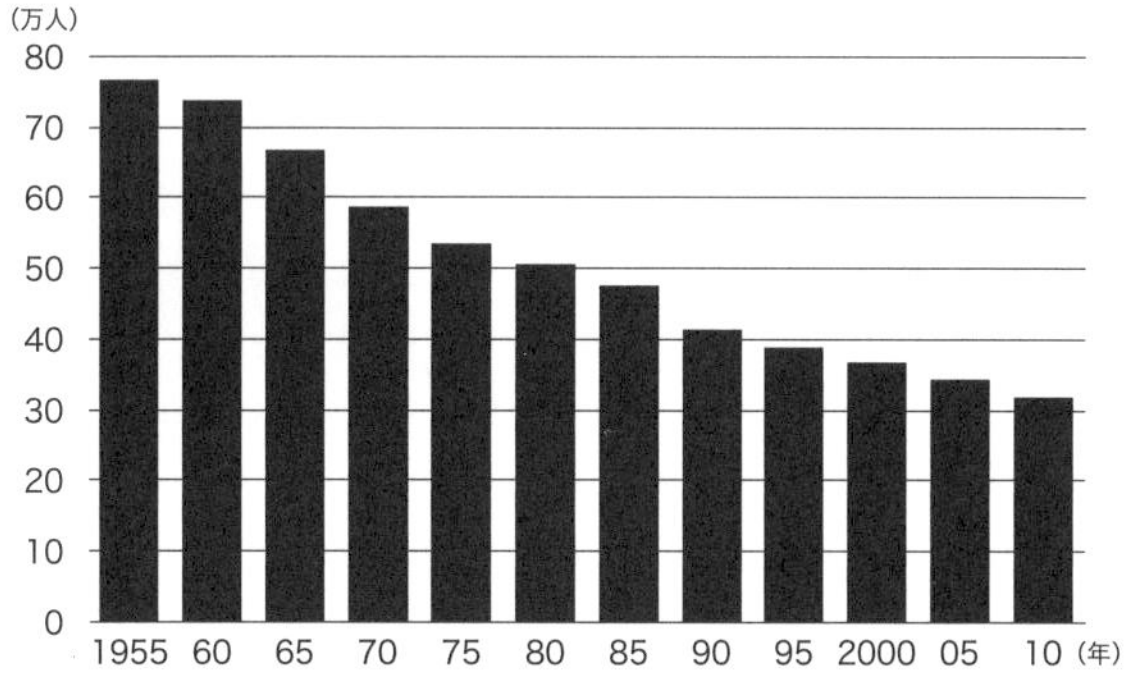


**図 12・2**　日本の離島の人口
出典：「離島統計年報」より作成

く、そこに生活する島民の人口が一九五五年には七七万人であったが、五五年後の二〇一〇年には三二万人と六割も減少し、しかも六五歳以上の高齢人口比率が日本平均の二〇％に比較して三五％という高率になっている（図12・2）。

## 流刑の場所であった離島

この問題を政府も放置してきたわけではなく、一九五三年に離島振興法を制定して以来、さまざまな支援をしている。とりわけ二〇一六年四月には有人国境離島地域を保全・維持するための法律が制定されている。これは自然・経済・社会の視点で一体と認識される二島以上で構成され、領海を設定する役割をもつ位置にある離島で、かつ日本国民が居住している離島である。そのなかでも居住が継続できるように地域社会を維持する必要があるものを特定有人国境離島地域としている。

この特定有人国境離島地域は北海道から鹿児島まで全国に一五ケ所が指定されており、七一の離島により構成されている。そのひとつが島根県に帰属する隠岐諸島であり、島後《ドウゴ》、中ノ島、西ノ島、知夫里《チブリ》島《ジマ》の四島で構成されている。行政組織としては、それぞれ隠岐の島町、海士町《アマチョウ》、西ノ島町、知夫村《チブムラ》になっているが、人口は隠岐の島町こそ一万七三〇〇人であるものの、それ以外は二五〇〇人、三六〇〇人、七四〇人という少数である。

人口は全国の離島と同様に減少の一方であり、今回紹介する海士町も一九五五年の七〇〇〇人弱から二〇一〇年には二四〇〇人弱と三分の一近くになっている（図12・3）（写真12・1）。全島が海士町に

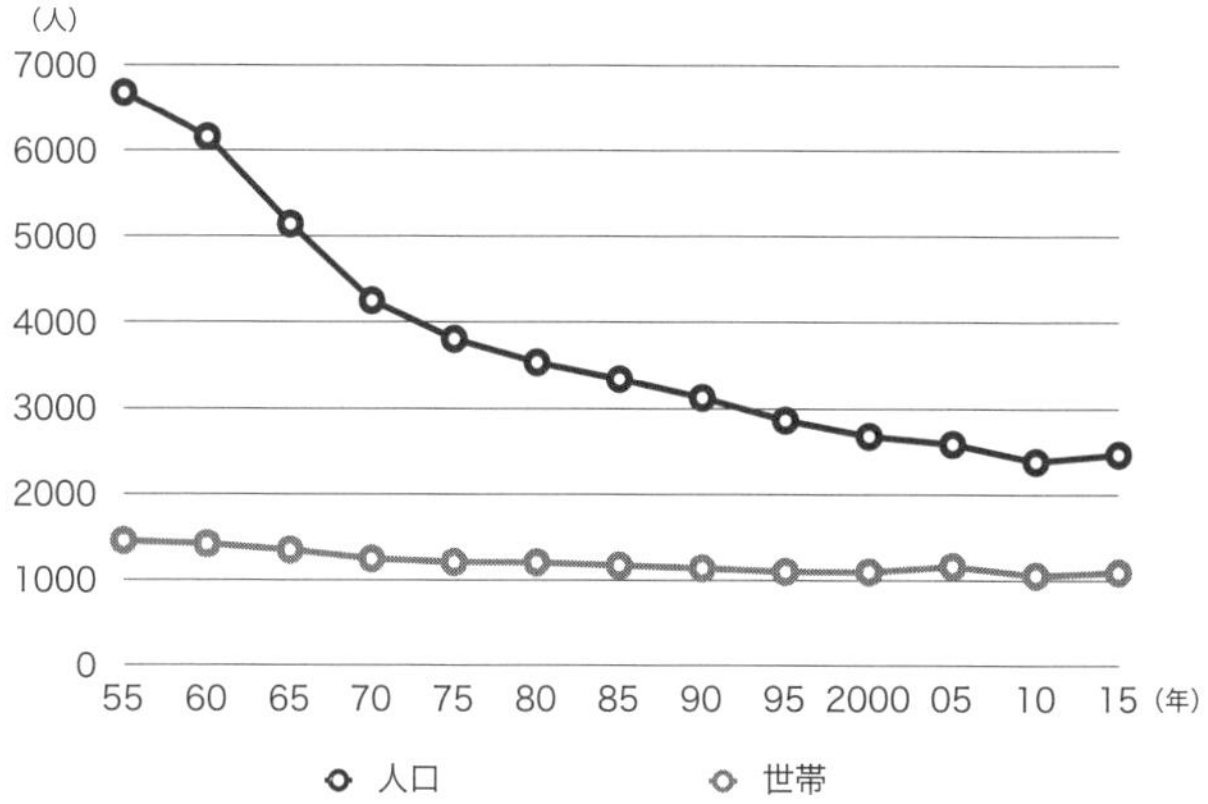


**図 12・3**　海士町の減少する人口と世帯
出典：「2017 海士町勢要覧資料編」より作成

**写真 12・1**　海士町の風景

なっている中ノ島は歴史のある離島である。鎌倉時代には、鎌倉幕府の執権北条義時を追討する承久の乱（一二二一）で完敗した後鳥羽上皇が配流されて一九年間滞在し崩御された場所で、遺体を火葬した御火葬塚と上皇を祭神とする隠岐神社が存在している。

隣接する島後（隠岐の島町）には、鎌倉幕府を倒幕しようとして楠木正成が活躍したことで有名な元弘の乱（一三三一）で敗戦して捕縛された後醍醐天皇が配流されたように、本州からの最短距離でも四〇キロメートルはある不便な場所であり、現在でも、島根半島にある七類港や境港から一日に三便ほどのフェリーで約四時間、水中翼船でも一時間三〇分はかかるし、強風の場合は欠航という不便な離島である。

## 捨身の精神で実現した変革

ところが、この不便な海士町に異変が発生しはじめた。転出者よりも転入者が多数になる事態が何回も出現してきたのである（図12・4）。日本の過疎地域の町村に共通することであるが、高齢社会のために出生人数よりも死亡人数が上回る自然減少とともに、転入人口よりも転出人口が上回る社会減少が発生している。海士町も例外ではなく、毎年、二〇名とか三〇名、最多では四三名の転出超過が発生していた。ところが二〇〇五年から転入超過の年が登場してきた。

最初は二〇〇五年の三〇名であったが、それ以後、頻繁に転入超過が発生し、一五年までの一〇年間の累計で八三名の転入超過になり、人口総数が増加に転換した。さらに重要なことは転入してくる人々

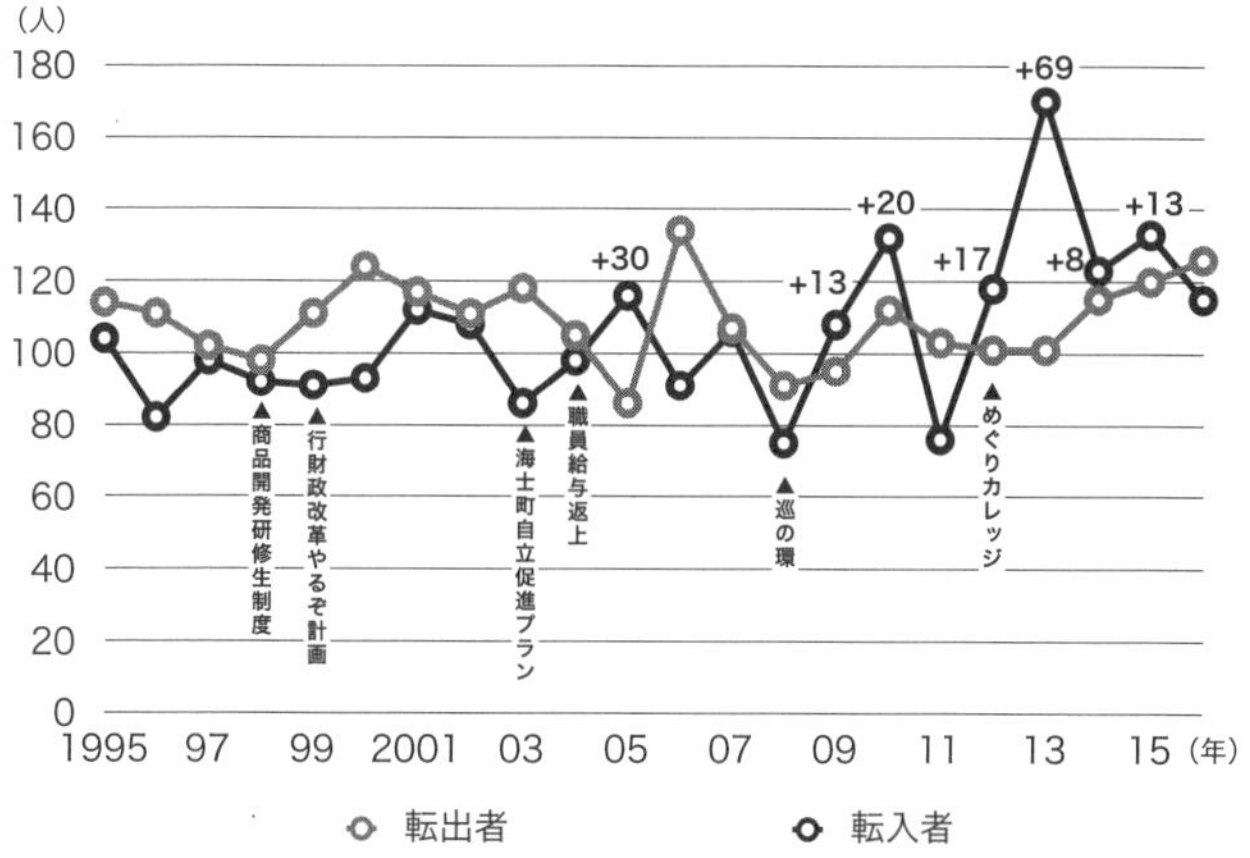


**図 12・4　転出者数と転入者数**
出典：「2017 海士町勢要覧資料編」より作成

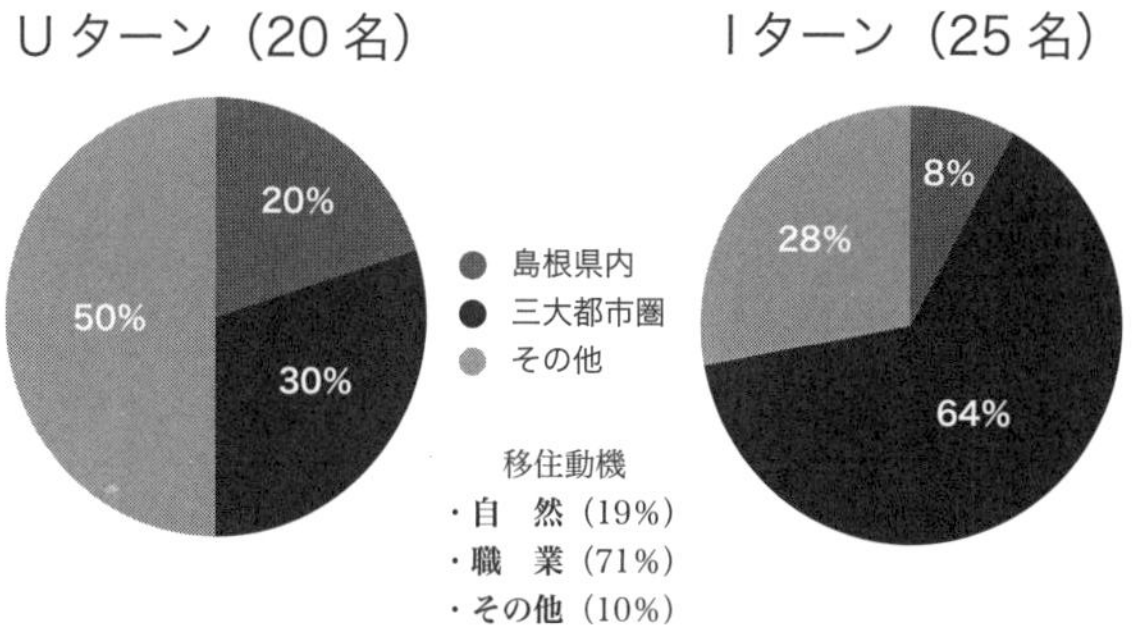


**図 12・5　海士町への転入元**
出典：島根大学法文学部山陰研究センター「島根県 3 地域（海士町・美郷町・江津市）におけるU・I 者アンケート調査の検討」（2010 年）より作成

が島根県内や中国地方という近隣からではなく、遠方の都会からの人々が多数ということである。全数調査ではないが、Ｉターンで転入してきた二五名のうち三分の二近くの一六名が三大都市圏内からで、島根県内からは二名でしかない（図12・5）。

これは一朝一夕で実現した成果ではなく、長年の努力の集積の結果である。国益のために離島を支援する制度によって港湾や道路などの社会基盤は整備され、建設産業は成長した。実際に中ノ島の菱浦港は人口二〇〇〇人強の離島の港湾としては立派な施設である。しかし高度経済成長の終了とともに公共事業も縮小し、財政は逼迫していく。大半の地方公共団体で同様であったが、ささやかな漁業と観光しか産業のない離島にとっては切実な問題であった。

そこで最初に登場した対策が一九九九年の「行財政改革やるぞ計画」という行政の意気を表明する政策であった。実行されたのは職員の昇級停止や経費削減であったが、小規模自治体では限界があり、二〇〇三年に長期の再建政策「海士町自立促進プラン」を立案する。その計画の一部として、山内道雄町長以下の三役の報酬を四〇％から五〇％削減、職員の給与も平均二二％削減、町会議員や教育委員も報酬を四〇％削減という、大胆な改革を実践する。

国家公務員の給与を一〇〇として地方公務員の給与水準を比較するラスパイレス指数という数値があるが、海士町は全国最低の七二・四になるほどの劇薬であった。しかし、これによって年間約二億円の経費が削減されるとともに、島民から好意ある反応が続出することになる。これまで半額であった老人のバス料金を普通料金にする申出や地域活動への補助を返上する申出どころか、老後のために貯蓄してあった預金を全額寄付するという老人まで登場するという事態になった。

## 外部の視点が支援する事業

しかし、家計と同様、支出の節約だけでは限界があり、収入を増加させることが必要であるが、その政策も次々と立案されていく。最初が一九九八年から開始された「商品開発研修生制度」である。外部の人間の発想を活用するため、島内に移住して地域の水産資源を商品にして販売するまで責任をもつ条件で人材を公募し、毎月一五万円の給与を支払う制度である。これまで二〇名近くが採用され、いくつかの成功事例が出現している。

牛肉や豚肉ではなく、カレーにさざえを入れるのは島民の常識だったが、外部からの指摘で商品にしてみようということになり、誕生したのが「島じゃ常識さざえカレー」で、年間三万食以上が販売されている（写真12・2）。いわがきも大阪の市場に直送するだけのため薄利であったが、漁師の協力により「隠岐海士のいわがき・春香」として直販し、海水から製塩した「海士乃塩」、島内で肥育する「島生まれ島育ち隠岐牛」などの商品も次々と登場してきた。

**写真 12・2**　「島じゃ常識さざえカレー」

さらに注目すべき特徴は島外から移住してくる人々の七割が仕事を目的としていることである（図12・5）。現在、政府は地方創生の掛声によって人口を地域に分散させる政策を推進しているが、引退した高齢の人々が自然環境で生活することを期待して移住してくる傾向にあり、地域にとっては迷惑な側面がなきにしもあらずである。しかし、海士町では地域の産物を利用して起業を目指す若者が多数移住してくるという特徴がある。

## 離島の概念を逆転した若者

その傾向を象徴する一人が阿部裕志さんである。一流大学の工学系大学院を修了して一流企業で仕事をしていたが、学生時代から懸念していた現代社会への疑問が増大して入社四年で退社、たまたま訪問した海士町に魅入られ、漁師となるために移住することを決断する。当初は、商品開発研修生になる予定であったが、やはり外部から移住してきていた現在の社会へ疑問をもつ仲間に出会い、自分たちで独自の研修制度を開始することにする。

伝統社会が維持されている離島には、利便や利益の追求を至上命題とする現代の社会や企業が喪失した文化や生活が維持されている。これを社会に伝達したいという目的を実現するため、二〇〇八年に「巡の環《メグリ》」という組織を設立する。当初は島内で開発された商品をインターネットで通信販売する仕事を手懸ける程度であったが、本来、目指していた理念を実現するために開始したのが「海士五感塾」である。

これは外部の人々が島内に二泊三日程度滞在し、地域の人々の指導で農業や漁業を自身で体験すると同時に、現場で仕事をしている島民と対話するというプログラムである。すでに大手企業の労働組合の研修や大学の実習として利用されはじめ話題になっている。もちろん参加した人々にとって有益であるから事業が拡大しているわけであるが、隠岐神社くらいしか有名な観光資源のない離島にもたらす経済効果でも貢献している。

この成功を契機に、二〇一二年には内容を拡大した「めぐりカレッジ」を開始する。「海士五感塾」と同様、二泊三日の合宿研修という入門コース以外に、参加企業の要望に対応した内容を追加する中級コースも開始した。一般に、このような地域の事業の大半はさまざまな補助制度によって成立しているが、「めぐりカレッジ」は参加企業からの研修費用のみで運営されており、経営としても成功している事業である。

政府の目玉政策となっている地方創生は各省が予算獲得の目的でさまざまな支援事業を考案し、それに応募するように地域に提唱している。それは一見、親切のようであるが、地域の自立精神を阻害し、補助の終了が事業の終了という従来の構図を再現しているだけである。しかし、流刑の場所となるほどの荒海の彼方の離島が、給与を半減するほどの捨身の精神で実現した事例は、全国の同様の環境にある地域の手本となり、視察が殺到している。

さらなる成功の要因は外部の人材を歓迎する寛容の精神と、それに呼応して果敢に挑戦する阿部さんのような若者の意気の複合効果である。ある対談で、阿部さんが「外部の人間である自分の提案を面白いと理解してくれた島民に感謝している」と述懐しているが、離島のみではなく農村や山村に内在している閉鎖という文化を地域の人々が自身で打破することも、発展の重要な要件であることを海士町の成功は示唆している。

# 第13章　交通転換

## ——新型鉄道で集約へ転換した都市（富山県富山市）

### 路面電車の復権

アメリカは自動車王国という印象であるが、現在でも鉄道の路線延長は世界最大で二二万六〇〇〇キロメートルもあり、二位のロシアの一二万八〇〇〇キロメートルの一・八倍にもなる。これらは都市と都市を連絡する鉄道であるが、都市の内部で運行する路面鉄道でもアメリカは世界有数の歴史をもつ。最初は馬で牽引する馬車鉄道であり、一八三二年にニューヨークに登場して以来、次々と建設され、七四年までにおよそ二〇都市にまで浸透していった。

しかし、馬車鉄道は費用がかかるうえにアメリカでは良馬が不足しており、代替する動力が必要とされるようになった。蒸気機関や内燃機関も利用されたが、一八七〇年代に登場したのが、現在でもサンフランシスコで使用され、観光名物にもなっているケーブルカーである。これは排煙や騒音もなく、坂道でも走行できるので各地に普及し、七〇年代から八〇年代にかけて、アメリカの三〇近くの都市に建設されていった。

一八七九年になると、ドイツでウェルナー・シーメンスが電気モーターで車両を牽引する電気機関車を開発し、アメリカでも八五年にフランク・スプレイグが発明した電車が、八八年にヴァージニア州リッチモンドで営業を開始し、既存の鉄道馬車やケーブルカーを駆逐していった。これはアメリカ全体で二〇〇近い都市に普及し、次第に都市の中心部分だけではなく、隣接する都市を接続するインターアーバンという鉄道に発展していく。

このような時期に路面電車の強敵が出現する。二〇世紀になり、自動車の大量生産が可能になったことである。一九一〇年代には年間のアメリカでの販売台数は二〇万台程度であったが、二〇年代になると一桁上昇し、二九年には四五九万台になった。しかし、二九年のウォール街の大暴落を発端とする世界恐慌、そして第二次世界大戦の勃発により、自動車の普及は停滞するが、戦後になり再度復活し、六〇年代には年間の販売台数が八〇〇万台を突破するまでになる。

これによってアメリカの都市では郊外に自動車移動を前提とした低密度住宅地が発展して拡大していくようになる。その象徴がレヴィット・タウンである。「郊外住宅（サバービア）の元祖」という名前をもつウィリアム・レヴィットが安価な住宅を大量生産し、アメリカ東部に一四万戸の住宅を建設した。その結果はドーナツ現象という言葉で表現されるように、都市活動は郊外で完結するようになる一方、都心が空洞になり、路面電車も次々と廃線になっていった。

そのような状況への対策として登場したのが「コンパクトシティ」である。拡散していく都市がもたらす問題を解決するために集約した都市を検討しようという発想である。最初の提言は、一九七三年にアメリカのジョージ・ダンツィクとトーマス・サーティが共同で発表した構想である。意外なことに二人とも建築計画や都市計画が専門ではなく、オペレーションズ・リサーチという数理計画科学の学者であり、とりわけダンツィクは線形計画理論を創始した著名な学者である。

それ以前の集約を目指す都市計画を検証し、それらとは異質の計画が提唱された。内容は何層もの人工地盤を積層した底部の直径二六五〇メートル、上部の直径九〇〇メートル、高さ七二メートルの円錐台を構築、その各層に庭付きの戸建て住居を建設し、人口二五万人の都市を実現する構想である。全体構想は奇抜であるが、水平方向の移動には歩道、自転車道、自動車道を整備し、上下方向は坂道、階段、エスカレータ、エレベータを用意するなど、既存技術を前提としていた。

ところが一九八〇年代になり、アメリカやヨーロッパでドーナツ現象を解消するための手段としてLRT（ライト・レール・トランジット）という名前の路面電車が導入されはじめた。八〇年代から最近までで、アメリカでは一四、ヨーロッパでは三四の路面電車が新設され、それ以前から運営されている路線も合計すると、前者で二三、後者では一六四の都市で路面電車が営業されるようになっている。最

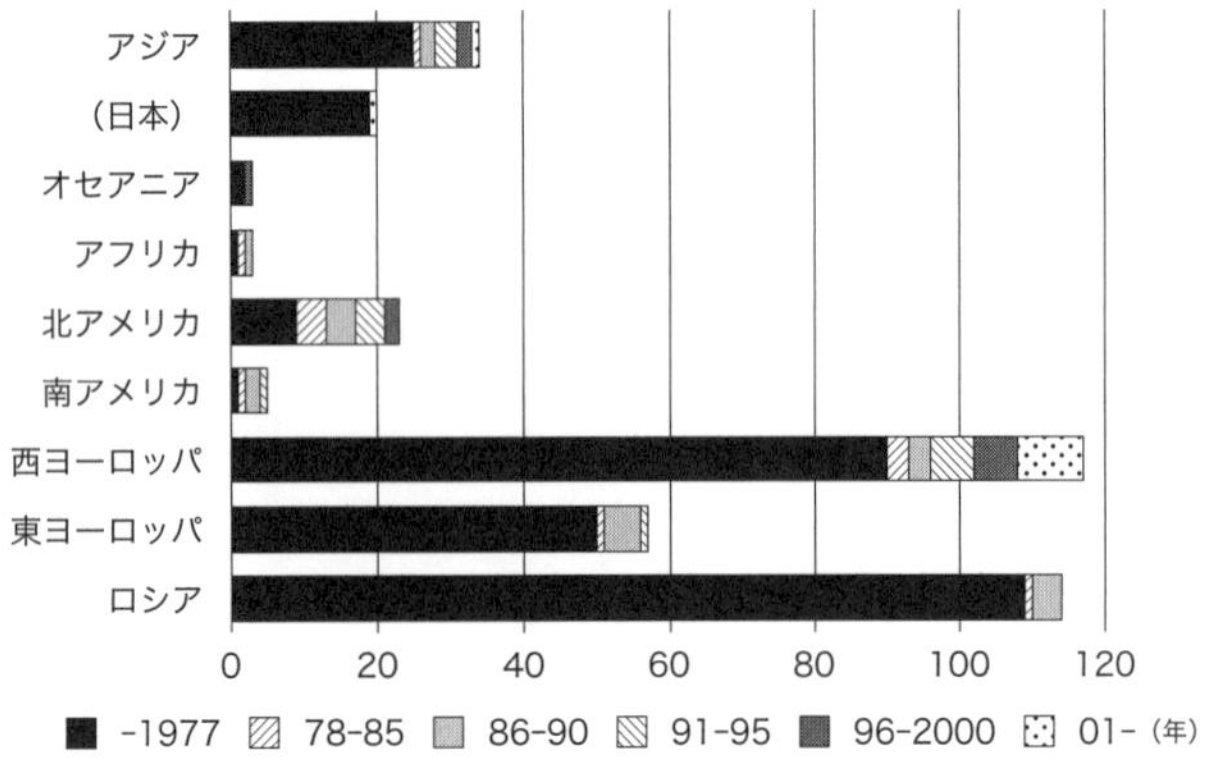


**図13・1**　世界の路面電車の路線数
出典：土井靖範「路面電車復活の国際的動向と日本の課題」(『立命館国際研究』2005年)

近では環境問題解決の目的も追加され、花形の交通手段になりつつある(図13・1)。

日本では、地方都市の都心の衰退だけではなく、人口総数の減少、高齢人口の増加などにも対応する手段としてコンパクトシティが期待されている。アメリカと同様に路面電車を移動の基本手段として、沿線周辺に日常生活や企業活動の施設を集中させ、高密な都市空間を実現していこうという発想である。日本では札幌、稚内、青森、仙台、富山、豊橋、神戸などが計画を策定しているが、それらのなかでも先行している富山の計画を紹介する。

## コンパクトシティの先駆となった富山

立山や剣岳を主峰とする立山連峰を背後にする富山平野は日本海側では有数の平坦な土地で、その中心にある富山市は人口四二万人の都市である。しかし、平成の合併によって周辺の六町が一体となった結果、人口集中地

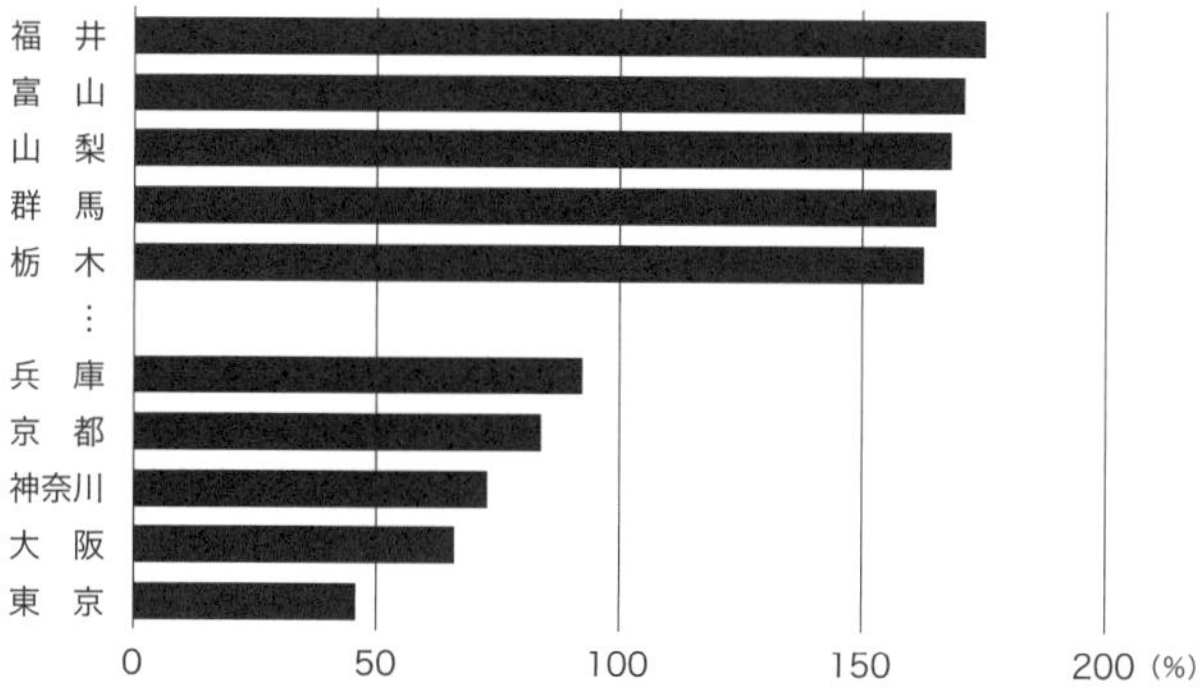


**図 13・2**　乗用車保有率（2015 年）
出典：自動車検査登録情報協会「自動車保有車両数月報」より作成

区の面積が二六平方キロメートルから五四平方キロメートルと二倍以上に拡大し、その人口密度はヘクタールあたり約六〇人から約四〇人に減少した。これは全国の県庁所在都市のなかで最低の密度である。

富山県民には戸建ての持家を目指す伝統があり、住宅の持家比率は全国二位、一戸あたり面積は全国一位であるうえ、平坦な土地に市街が分散しているために面積あたりの道路延長も全国一位である。その結果、自動車依存率が高率になり、世帯あたり乗用車保有率は一位の福井県と僅差の二位（図13・2）、通勤と通学の自動車利用率は約七二％で全国一位である。その影響で、鉄道や路線バスの利用者数は減少一方で、路線バスでは一九九〇年から一五年間で三分の一近くまで乗客が減少した。

そこで二〇〇二年から森雅志富山市長が推進した計画が「コンパクトシティ」であった。その推進の契機となったのが北陸新幹線の計画である。一五年三月に開通することが確定し、JR西日本は富山駅の北側から海岸の方向に運行している富山港線七・六キロメートルを採算が悪化しているという理由で廃線にすることを決定する。しかし、利用者数は少数であるものの地域の人々にとっては重要な移動手段であるため、富山市が公設民営で継続することにする。

しかし、従来のままの鉄道では経費もかかるし、住民の利用にとっても不便であると判断し、LRTに変更して継続することにする。LRTは確定した定義があるわけではないが、一九七〇年代のアメリカで登場した概念で、一部は路上を走行するものの大半は専用軌道の路線を一輛から数輛で走行する電車である。運行速度でも輸送能力でも一般鉄道と路面電車の中間に位置する新式の鉄道ということになる。

富山では線路の整備は行政、運行は民間企業という第三セクターで実施することにし、名称も「富山ライトレール（愛称ポートラム）」として二〇〇六年四月に開業した。乗降が容易にできるよう、車両は新型デザインの低床車両に変更、乗降場も道路と同一平面の停留所形式に改修、四駅を新設して九駅から一三駅にした。運行も従来は三〇分から六〇分間隔であったが、平均一五分間隔、朝夕の通勤通学時間には一〇分間隔に短縮し、最終電車も二一時台から二三時台まで延長した。

このような運行の改善だけではなく、新駅の周辺に企業を誘致する政策を推進した結果、JR時代と比較して、すべての時間帯で乗客が増加し、全体では平日で二・一倍、休日には三・五倍になった。また道路から直接乗降できるようになった影響で、高齢者層の利用が増加し、五〇歳台で二・〇倍、六〇歳台で三・六倍、七〇歳台で三・五倍となり、沿線地域で住宅の新規着工も一・三倍になるなど劇的な発展を達成した。

富山駅から北側の新市街地のコンパクトシティを第一弾とすれば、第二弾は南側の旧市街地をコンパクトシティにすることである。かつて日本には七〇以上の路面電車が存在していたが、自動車時代には邪魔者扱いとなり、現在では一九が営業しているにすぎない。そのなかの一つが富山地方鉄道が富山市中心市街地で運行している路線である。これは市域の西側から富山駅を経由して東南方向に敷設されている。

しかし、この路線形状では富山駅に活動が集中するだけで、中心地域全体が活発にはならないという県民からの不満が表明されていた。そこで路線の一部を短絡して中心地域では環状になるように、二〇〇九年末に路線を新設すると同時に、その新線の駅前にガラス屋根の大型商業施設「グランドプラザ」を開設した。そのような努力が結実し、これまで中心地域から周辺へ人口が流出傾向にあったが、〇八年以後は転入超過に反転し、コンパクトシティの効果が出現してきた。

ＪＲ富山港線の廃線通告が契機になったとはいえ、市長を先頭とする行政の果敢な政策でマイナス要因を逆転させてコンパクトシティの先駆となり、二〇〇八年には政府から「環境モデル都市」に指定され、一一年には「環境未来都市」に選定、さらに一二年にはＯＥＣＤ（経済協力開発機構）のコンパクトシティの先進モデル都市として、メルボルン、バンクーバー、パリ、ポートランドとともに選定されている。

都市の形状と交通手段の変化は密接に関係している。明治時代に鉄道が導入され、都市は駅を中心に発展し、さらに路面電車が敷設されはじめて市街は沿線に進展していった。そして戦後は自動車が路面電車を衰退させ、都市は面的に拡大していった。しかし人口減少、高齢者率増加により、この形状も破綻しはじめた。そこに登場したのが一種の先祖返りのＬＲＴである。今後、この技術を利用する都市計画が期待されるが、その時代の先頭を疾走しているのが富山市である。

# 第14章　情報転換

## ——情報通信により発展した過疎地域（徳島県神山町）

### 社会の基本構造を変革したインターネット

一八七六年にアメリカのアレクサンダー・グラハム・ベルが特許を取得して以来、世界の情報通信の主役は電話であった。しかし、一九五七年にソビエトが世界最初の人工衛星スプートニク一号を打上げたとき、いずれは人工衛星に搭載された核弾頭がアメリカ国土の上空で炸裂するという悪夢がアメリカ社会を支配するとともに、電話の重要な欠陥が明瞭になった。電話は交換局に回線を集中させて相互に接続するが、その交換局が破壊されれば全体が通信不能になるという問題である。

その問題を解決するために軍事研究機関が開発したのがインターネットである。一点に回線を集中させるのではなく、網目のように回線を敷設し、一点が利用不能になっても、そこを迂回して網目を経由していけば、相手に到達できる仕組である。一九六〇年代後半に開発されたインターネットは軍部と少数の研究機関で利用されていたが、アメリカが情報通信分野で主権を確保するため使用が公開され、商用利用が可能になった。八〇年代最後のことである。

これはアメリカの思惑のとおり、一気に世界に浸透することになった。ベルは発明の翌年に電話通信サービスを提供するベル電話会社を設立したが、そこから固定電話が世界の二〇％の人々に普及するのには一二九年を必要とした。同様に移動電話は三五年を必要としたが、インターネットはわずか一七年で普及し、二〇一六年には三五億人、すなわち世界の二人に一人が利用できる状態になっている。いかに革命技術であるかを証明している（図14・1）（図14・2）。

電話と比較してインターネットは技術でも革命であるが、その提供するサービスでも社会を変革した。それは距離、時間、位置を消滅させたことである。電話は通信距離に比例して料金が増加していくが、インターネットは通信距離に関係なく均一料金で利用できる。同様に定額料金制度が採用されているため、電話のように利用時間を心配する必要がない。さらにＷｉＦｉのような無線回線が主流になることにより、どこで利用しているかという位置にも関係しないことになった。

この特性は社会を均質にすると予測された。日本のような過度に巨大都市に集中している社会を是正する手段として、どこでも同一条件で利用できるインターネットは社会を分散方向に転換させる有力な

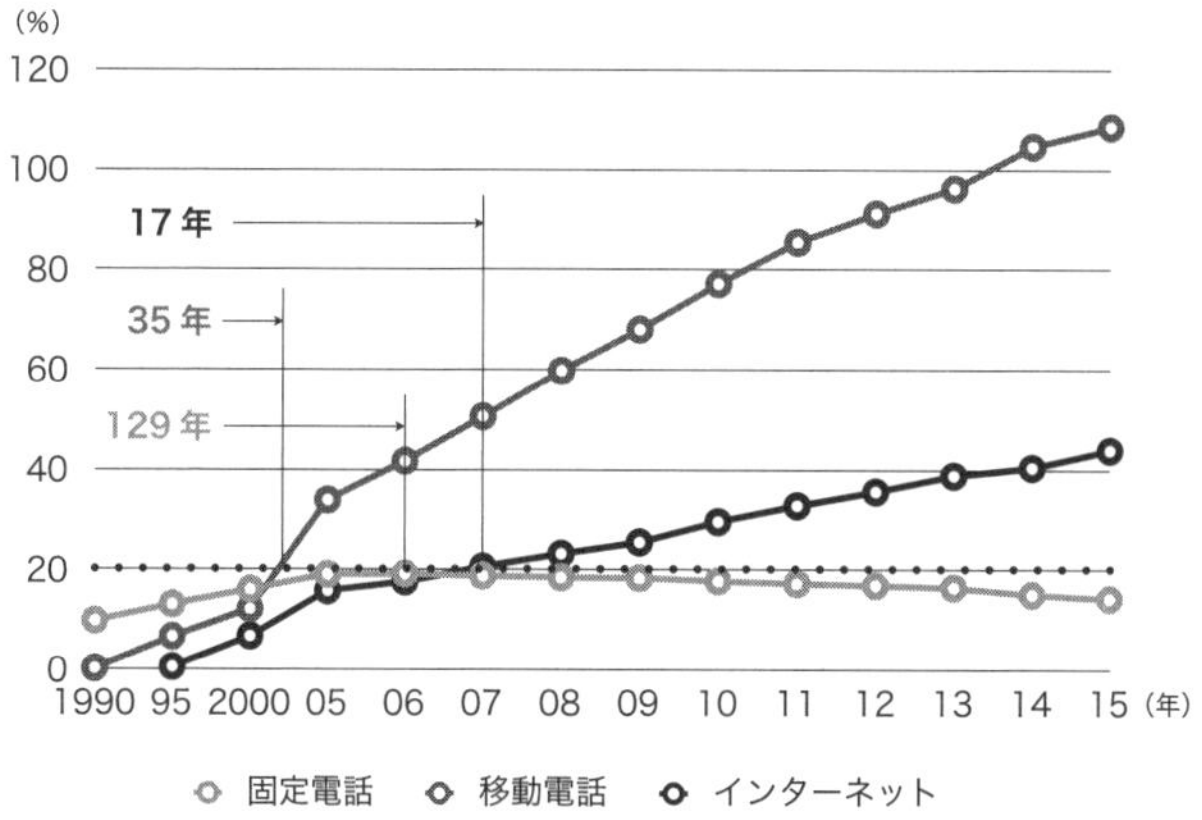


**図 14・1　通信手段が 20%まで普及した年数（世界）**
出典：ITU「Global ICT Development」より作成

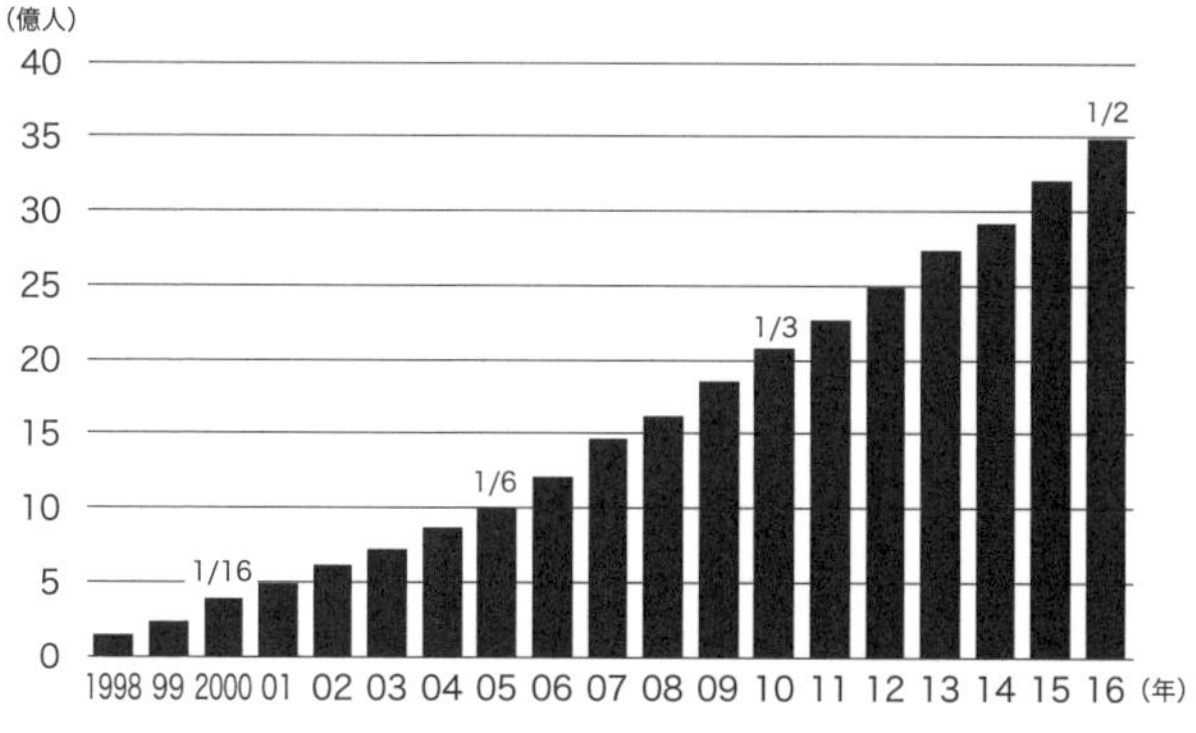


**図 14・2　世界のインターネット利用者数**
出典：ITU (http://www.itu.int/ITU-D/icteye/ Indicators/ Indicators.aspx) より作成

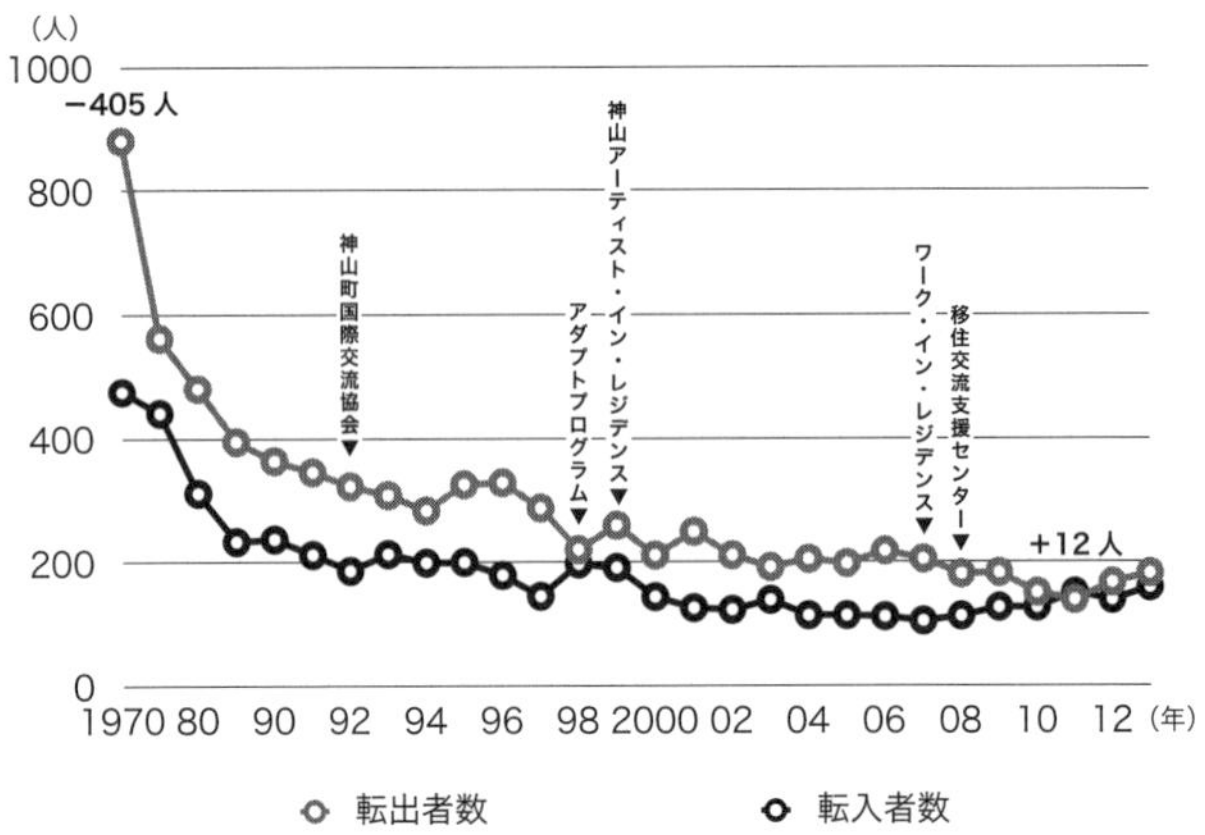


図 14・3　神山町の転出者数と転入者数
出典：神山町住民課資料より作成

手段と期待され、地方に高速インターネット回線を敷設してサテライト・オフィスを立地させる計画が何度も実施されたが、十分な成果をあげることはなかった。しかし、高度経済成長時代が終了して人々の意識が変化し、通信技術を梃子にした分散社会の成功事例が登場してきた。

## 人口流入超過になった過疎地域

四国を東西に横断する四国山脈の東部に、近畿以西では二位の標高一九九五メートルの名山として名高い剣山がある。その北東の山麓に存在するのが今回の舞台の徳島県神山町である。徳島空港から路線バスであれば一時間以上かかる不便な山奥にあり、面積の八割以上が山地という日本の山村を象徴するような地域である。大分のカボスとともに日本を代表する酸味のある果実スダチの日本最大の産地としても有名な場所である。

しかし、大半の山村と同様、過疎は急速に進行し、一九五五年には二万人以上であった人口は九二年に一万人以下、二〇一三年には六〇〇〇人以下になり、五〇〇〇人以下になることも予想される状態になった。ところが毎年一〇〇人以上が流出超過であった消滅可能都市の典型に、一一年に異変が発生し、わずか一二人であるが流入超過になった（図14・3）。それは自然でも偶然でもなく、何人かの町民の意外な努力の成果である。

## 日本最初のアダプトプログラム

神山の名前が全国規模で話題になったのは一九九八年に「アダプトプログラム」という活動を日本で最初に実施したときである。七〇年代のアメリカ全体の不況により、公共施設の維持補修が困難になって各地で事故が発生した。七三年にはニューヨークのマンハッタン西側の川岸に建設されたウェストサイド・ハイウェイという高架道路の一部が崩落し、八〇年にはフロリダ州タンパベイを横断するサンシャイン・スカイウェイ・ブリッジが崩落し三五名が死亡するという有様であった。

このような状況のなかで、予算不足のテキサス州道路局には、幹線道路を走行するトラックの荷台から飛散するゴミの清掃ができないために苦情が殺到していた。そこで一九八五年に沿道の住民に清掃を依頼するという苦肉の作戦を考案した。住民団体の人々に安全教育をするとともに、車両や道具を貸出して清掃を依頼することにし、この活動を「アダプト・ア・ハイウェイ」と名付けた。

アダプトは養子にするという意味で、公共団体が誕生させた道路などの公共施設という子供を地域住民が養子にして育成するという意図である。これはアメリカ各地に急速に波及していった。その活動を

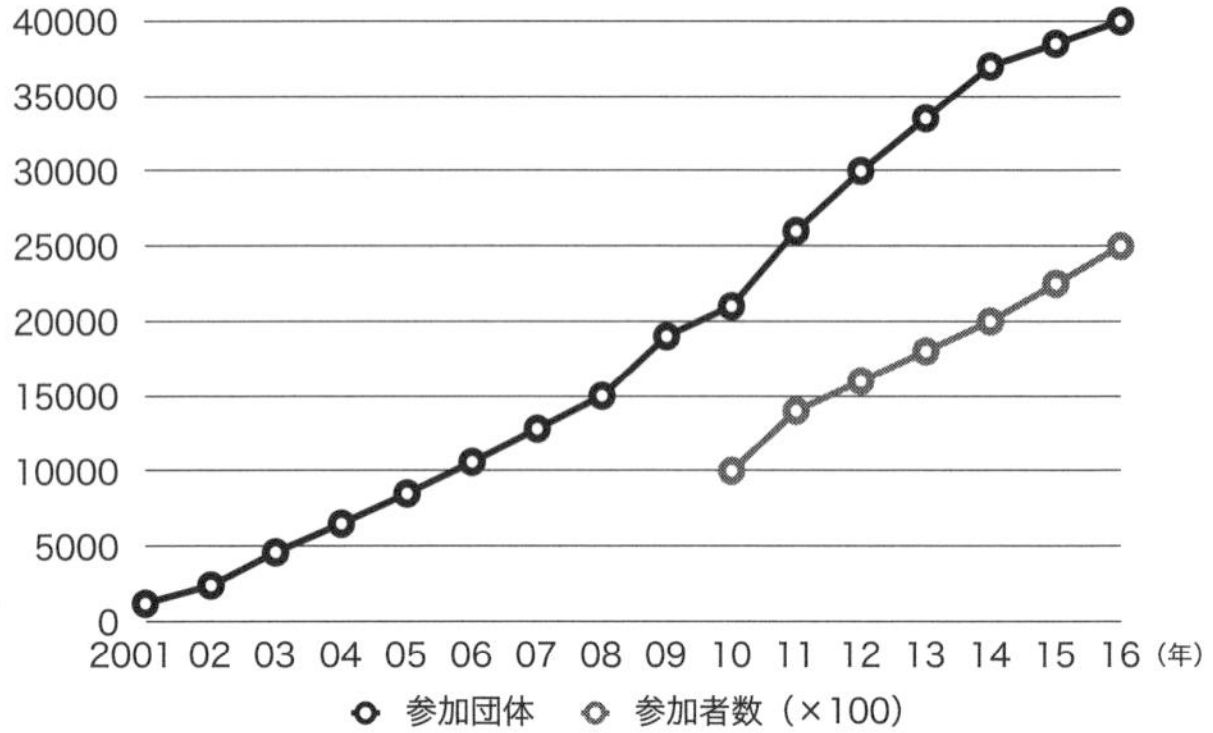


**図14・4**　日本のアダプトプログラム参加団体数と参加者数
出典：食品容器環境美化協会資料より作成

表示する沿道の看板をサンフランシスコ郊外で偶然目撃したのが、現在の神山発展の中心人物である大南信也さんである。早速、神山でも実行しようと、一九九八年に仲間と町内を通過する国道で清掃作業を開始したが、問題が発生した。

アメリカのように「アダプト・ア・ハイウェイ」の看板を沿道に設置しようとしたところ、当時の建設省から法律に抵触すると指摘されたのである。それでも大南さんたちが強引に看板を設置したところ、その問題がマスメディアによって報道され、全国で神山の名前が話題になった。その結果、営利目的でなければ設置可能となり、現在では日本国内で四万以上の「アダプトプログラム」を実行する団体が登場するほどの活動になった（図14・4）。

## 国際交流の契機となった人形

このような活動仲間ができたのは、それより約八年前のことである。子供が通学している学校の廊下に陳列されている「平和の使者米国御人形函」と箱書きされた西洋人形を発見した大南さんが、その経緯を調査してみると、対日感情が悪化した一九二〇年代にアメリカの親日家宣教師が提唱して、日本に一万三〇〇〇体近い人形が寄贈されたことがあり、その一体だということが判明した。そこで、この人形の里帰りを実行しようということになった。

同封してあった人形のパスポートに記載された都市の市長に調査を依頼した結果、送付した女性の親戚がペンシルベニア州の地方都市に存命していることが判明した。それでは実行しようと三〇人の町民とともに親族を訪問したところ熱烈に歓迎され、地元新聞の一面に記事が掲載されるほどの行事になった。このような体験を基礎に一九九二年に「神山町国際交流協会」を設立し、国際交流を促進する活動が開始された。

最初に実行したのが前出の「アダプトプログラム」、一九九九年から開始したのが「神山アーティスト・イン・レジデンス」である。後者は国内国外からアーティストを町内に約二ケ月間招聘し、現地で生活しながら芸術作品を制作してもらう仕組で、海外には多数存在しているし、国内にも札幌、青森、東京、横浜、金沢、浜松、城崎、山口など、各地で実施されている。しかし、神山の特徴は自分たちでアーティストの選考もするというところにあった。

神山も当初は芸術分野の専門の人間に選考を依頼したが、自分たちの意向が反映されないと気付き、数年で地域の選考委員が決定する方式に変更した。選考の基本は町民と交流し刺激してくれるアーティストかどうかである。実施してみると、趣旨に賛同するアーティストが殺到し、三人の採用に毎年一〇

**写真14・1**　「ヒドゥンライブラリー」

〇人程度の応募がある盛況になってきた。これまで約六〇人のアーティストが参加し、三分の二近くは海外からの参加である。

それらの作品は町内各地に点在しているが（写真14・1）、他所のアーティスト・イン・レジデンスのように、作品を観光資源として集客に利用するというよりは、町民が異質の文化に接触する地域交流を重視するというのが主催者側の意向である。そのため、滞在するアーティストの希望には町民が熱心に対応している。四国は八十八ケ所の寺院を遍路する人々をもてなす「お接待」文化が根付いているため、外来の人々への対応には手慣れており、それも人気の源泉になっている。

**威力を発揮する光通信網**

このような国際交流の努力にもかかわらず

神山の人口減少に歯止めはかからず、毎年、一〇〇人程度の流出超過が継続していた。ところが最新の強力な手段が過疎地域に提供されることになった。アナログ方式であったテレビジョン放送の地上デジタル方式への転換である。二〇〇三年の関東・近畿・中京での転換を最初とし、〇六年には全国の県庁所在都市で視聴可能になり、以後順次、全国各地に浸透してきた。

ところが神山のような谷間の地域では、地上に建設した電波塔からの電波ではデジタル放送が鮮明に受信できないため、全戸に高速の光通信網を敷設してＣＡＴＶで視聴することになり、二〇〇五年には町内のどの住戸でも毎秒一〇〇メガビットという高速の通信が可能になった。そこで大南さんの仲間は、この好機を利用する計画を構想しはじめる。その後押しをする資源となったのが、これも町内どこにでもある住宅や商店の空家であった。

構想は「ワーク・イン・レジデンス」である。高速通信を利用する業務が主体の企業、すなわち情報産業を町内に誘致すれば人口が増加するという、芸術での成功を仕事へ拡張しようというわけである。これは目新しい構想ではなく、リモートオフィスやテレワークなどの名前で何度も実施されてきたがほとんど成功しなかった構想である。しかし、絶妙のタイミングで徳島県内の八ケ所に移住交流支援センターを設置する計画が浮上し、その一ケ所が神山町内に設置されることになり、構想を後押ししてくれることになった。

しかし、移住といっても神山以外に勤務する人々や引退した高齢の人々では、地域社会に貢献する効果は十分ではない。アーティストが地域で創作活動をして住民を刺激するのと同様、地域で仕事をする人々が必要である。従来の政策は移住してくる人々を差別なく歓迎していたが、それでは人口は増加しても、地域に活性をもたらすかどうかは疑問だとして、アーティストを自分たちで選定したのと同様、移住してくる人々も自分たちで選定しようという大胆な構想を立案したのである。

現実には、移住してきて地域で自立して仕事のできる人々を優先しようという発想である。これは一種の選民思想であるという批判もあるが、花嫁と花婿が納得して結婚するように、移住してくる人々と受入地域の両者が納得すれば、移住してくる人々も客人ではなく、地域の一員になるという発想である。こうして転入者数が転出者数を上回るという事態が出現し、空家をオフィスにする企業も一〇社以上になった。

## さらなる波及効果の累積

本社が東京都心にある「プラットイーズ」という企業が神山町内に設置したサテライト・オフィスを訪問した。企業の仕事はメタデータといわれる放送番組の詳細情報を加工して配信することであるが、その情報を分散してバックアップする機能をもつのがサテライト・オフィスである。「えんがわオフィス」と名付けられ、民家を改装した幅広い縁側をもつ木造の建物内部でコンピュータを駆使する仕事をし、敷地には大量のデータを保存するサーバーを収納する和風の建物も建設されている。

「プラットイーズ」は神山にサテライト・オフィスを設置することを決定するまでに、全国の二〇ケ所ほどを調査したが、神山を選定したのは情報通信基盤が整備されていること以上に、地域の人々の歓

**写真 14・2** 「カフェ・オニヴァ」

迎精神が決定する要因になったそうであるし、同種の企業が増加してきた結果、情報の交換や社員の交流も可能になるという集積効果も魅力になったようである。なかなか成功しなかった情報社会の地方分散が実現した一例である。

このようなオフィスが増加してくると、地域に移住してきた人々を対象にする商業施設が登場する。「プラットイーズ」の向側には民家を改造したフランス家庭料理を提供するレストラン「カフェ・オニヴァ」が開業しているし（写真14・2）、「梅星茶屋」「イレブン」「かばちや」など移住してきた人々が移住してきた人々に食事を提供する食堂も増加し、それらの人々の交流がさらなる盛況をもたらすという相乗効果が顕著になりつつある。

政府の地方創生政策の一環として、民間企

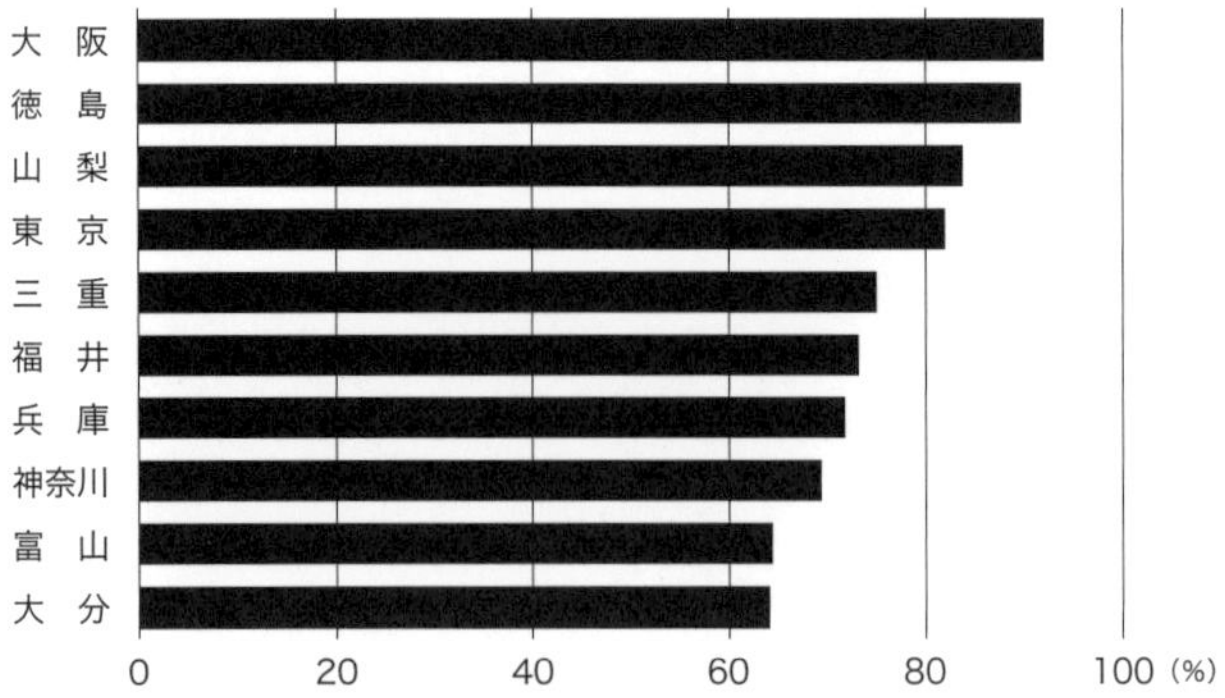


**図 14・5**　CATV の普及率

出典：総務省情報流通行政局「ケーブルテレビの現状」(2015 年 7 月）より作成

業に地方移転を要請するだけではなく、政府が率先して政府機関の一部を地方移転させる計画も進行し、文化庁を京都に、総務省統計局を和歌山に、そして消費者庁を徳島に移転することになった。当初は消費者庁の全面移転であったが、官僚の抵抗により「消費者行政新未来創造オフィス」に縮小されたものの、二〇一七年七月に徳島県庁内に新設された。残念ながら神山町ではなかったが、これまでの神山町の活動が反映した成果である。

徳島は意外にもCATVの普及比率が全国二位という情報先進地域であるし（図14・5）、光通信網の延長も県民一人あたりでは全国一位である。しかし、それだけが移住政策の成功原因ではない。南山さんを中心とする仲間が、政府や県庁の下請けの地域振興を否定し、社会の流行に追随した活動もせず、アメリカへ人形を里帰りさせる、自分たちでアーティストを選考するなど、興味のあることに熱中してきた自立精神「やったらええんちゃう」が成功の秘訣である。

# 第15章　資源転換

## ——見慣れたものでも宝物になる（徳島県上勝町「いろどり」）

### 無形文化遺産になった日本の食事文化

第5章でも紹介したが、二〇一三年一二月に「和食・日本人の伝統的な食文化」がユネスコの無形文化遺産に登録された。これは伝統行事、伝統芸能、伝統工芸などを対象としており、すでに日本の重要無形文化財や重要無形民俗文化財にも指定されている「能楽」「雅楽」「組踊」「歌舞伎」「早池峰神楽」などの伝統芸能、「和紙」「結城紬」「小千谷縮・越後上布」などの伝統工芸、最近では全国各地に分布する三三の「山・鉾・屋台行事」という伝統行事が登録され、合計二三になっている。

それらのなかでも異色が「和食」である。世界各地に独自の食事は存在するが、現状で約四六〇が登録されている無形文化遺産のうち、食事は「フランスの美食術」「地中海料理」「メキシコの伝統料理」「トルコのケシケキ」「グルジアのクヴェヴリ」「トルココーヒー」「韓国のキムジャン」と「和食」の八件のみである。その和食も食事の内容ではなく、「日本人の伝統的な食文化」として認定されたことには意味がある。

各地の伝統料理や郷土料理という料理自体が登録されたのではなく、和食に共通する特徴ある食事文化が評価されたのである。その特徴は（一）多様で新鮮な食材とその持味の尊重、（二）健康的な食生活を維持する栄養バランス、（三）自然の美しさや季節の移ろいの表現、（四）正月などの年中行事との密接な関係と要約されている。これらの特徴は、四季という時間でも、地域という空間でも日本の自然環境が多様であるという事実を反映している。

とりわけ重要な特徴は三番の料理の内容が季節を反映していることである。西洋料理でも食卓を季節の花束で装飾することはあるが、料理皿の上の植物はすべて食事の対象である。一方、日本料理では皿ごとにサクラの小枝やモミジの一葉などが添付されるが、それらは食用ではなく鑑賞の対象という差異がある。これらの植物は「ツマモノ」と総称され、かつては料理人自身が周囲の自然から採集していたが、現在では市場で購入する商品を使用している。

## 日本を象徴する過疎地域

**写真 15・1**　徳島県上勝町の風景（写真提供：(株) いろどり）

この商品としてのツマモノで過疎地域に巨大な経済活動を発生させた組織がある。テレビジョン番組や新聞記事で紹介されたことは数知れず、毎日放送製作のテレビジョン連作ドラマ『おふくろ先生の診療日記』（二〇〇九）の第二作目の舞台になり、さらには海外でも上映された映画『人生、いろどり』（二〇一二）としても紹介されている「株式会社いろどり」である。その見事な活動には地域で成功したビジネス事例として以上の意味がある。

それは一人の人間の意欲と情熱があれば、事業をするのに不向きな過疎地域でも、事業をするのに必要な資源のない地域でも、事業を成功させることは可能だということである。その視点から「株式会社いろどり」を紹介するために、事業の出発から最近の動向までを簡単に紹介しておきたい。一九七九年春、徳島県農業大学校を卒業したばかりの二〇歳の若者横石知二さんが徳島県上勝町の農業協同組合に営農指導員として赴任したときから物語は出発する。

上勝町は四国山地の山中にあり、森林面積比率が約八六%という山村で、水田の大半は棚田である（写真15・1）。徳島市から直線距離では二五キロメートル程度であるが、トンネルなどが整備された現在でも徳島市内からは蛇行した山道を延々と走行する路線バスを乗換えて二時間半はかかる僻地である。横石さんが赴任した時代には人口も約三四〇〇人であったが、現在ではほぼ半分の約一八〇〇人に減少しているという日本の過疎を象徴する地域でもある。

## 偶然の契機から登場した商売

最初は外部の人間として地域に馴染むのに苦労するが、一九八一年二月末、日本列島に異常寒波が襲来し、通常では冬期の平均最低気温がマイナス二度程度の山村がマイナス一六度にもなって換金作物のミカンが不作となった。その結果、組合の全販売額の三割にもなっていたミカンの売上が一割以下になるという甚大な被害が発生した。ここで営農指導員としての能力が目覚め、作物の情報収集に奔走し、「分葱《ワケギ》」を栽培して当座の苦境を克服することに成功する。

それから数年して、目玉商品に出会う機会に遭遇した。一九八六年秋に大阪へ出張した帰路、関西を中心に店舗を展開している「がんこ寿司」に立寄ったとき、隣席で食事をしていた三人の女性の一人が、料理皿に置かれていた一枚のモミジの葉をハンカチで丁寧に包んで持ち帰る光景を目撃したのである。

普通であれば気付かない些細なことであるが、山村の農業の将来を賢明に思慮していた横石さんにとっては衝撃であった。

当時、ツマモノといわれる木の葉は料理人が自分で採取してくるのが普通であり、市場では商品としてほとんど販売されていなかった時代である。しかし、上勝の周囲の山中に豊富に自生している木の葉が商品になれば、地域が飛躍できるとひらめいたのである。しかし、組合で提案してみると「タヌキやキツネでもあるまいし、木の葉が札束に化けるのなら至る所に御殿が立つ」というような冷ややかな反応で相手にされなかった。

ところがモモやウメのツボミのついた小枝は少数ではあるものの商品として市場に出回っているという情報を入手し、上勝の農家に熱心に説明した結果、四軒の農家の女性が協力してくれることになった。しかし、順調に出発できたわけではない。最初に試作としてパック詰めにした木の葉を料理人に見せたところ、相手にもされなかったことから、給料の大半を使って自腹で料亭に通っては情報を収集し、次第に市場が必要とする商品を見通せるようになってきた。

このような奮闘によって世間の需要に合致する商品が生産できるようになり、何種類かの木の葉の詰め合わせが数百円という高値で売れるようになってきた。それに後押しされて商品の種類も増え、虫食いを防ぐために樹木をハウス栽培するようにもなって品質も向上しはじめた。その結果、四軒の農家で出発した事業も一年半後の一九八八年には四四軒が参加、農業共同組合に彩《イロドリ》部会が結成されるまでになった。

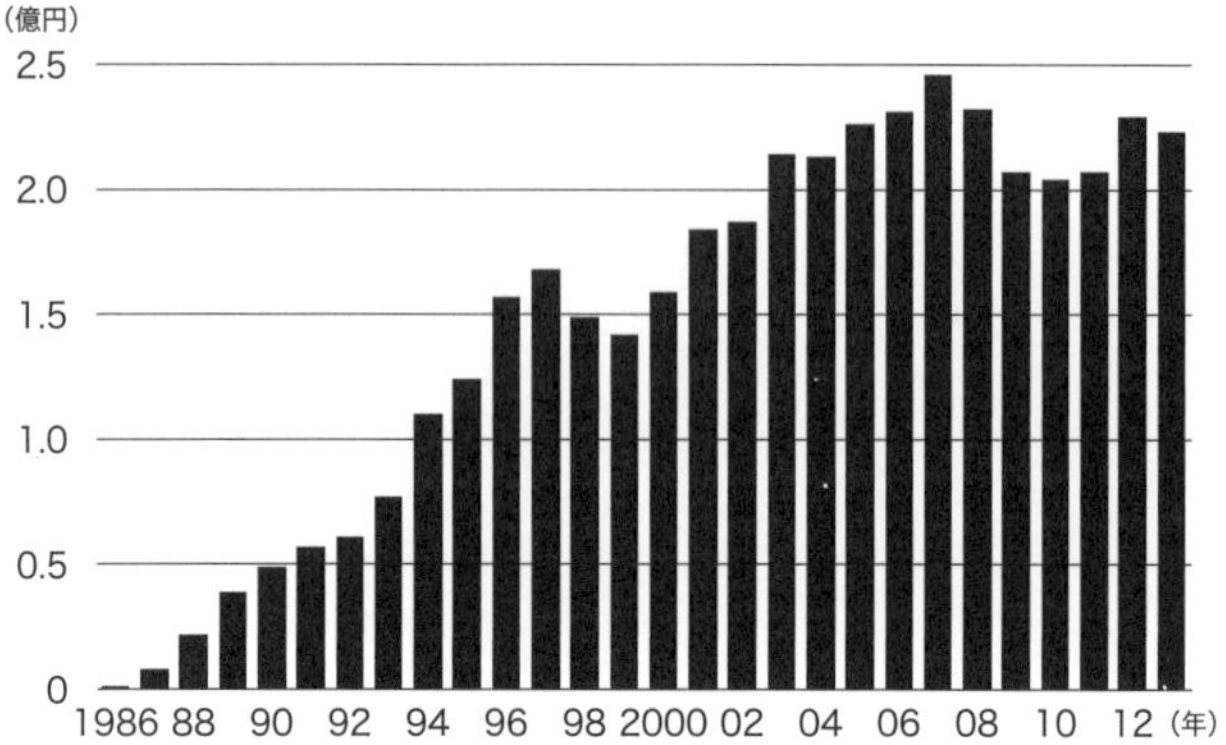


**図15・1**　「いろどり」の売上
出典：(株) いろどり提供資料より作成

その後、朝日農業賞をはじめ数多くの受賞で評価され、マスメディアにも頻繁に登場し話題になってきた結果、参加する農家も二〇〇軒以上に増加し、売上も一億円を突破するまでに発展した（図15・1）。しかし、営業活動のため連日のように料亭を訪問し、高齢の女性を叱咤激励しながら休日もなく年間五〇〇〇時間の激務をこなしてきた結果、心臓麻痺で病院に搬送され九死に一生の経験をしたことを契機に心境に変化が発生する。三七歳になった年に転職を決意するのである。

## 再生のため設立された株式会社

そこで一九九六年に組合に辞表を提出したところ、過疎の山奥に一大騒動が発生した。翌朝、彩部会長の女性が来訪し、一通の分厚い封筒を横石さんに手渡す。一晩かけて山道を歩き回り、部会員一七七名全員の言葉と署名を集めた嘆願書であった。それでも退職を決意して荷物を整理していたところ、一人の高齢の女性が事務所に来訪し、帰宅する横石さんの自動車の前に立ちはだかって、辞めるなら自分を轢いてから辞めてほしいという劇的な出来事まで発生した。

そのような熱意に感激して辞表を撤回した横石さんは上勝町役場へ転籍して町に残留することになり、組合の仕事を離れることになった。ところが途端に彩部会の売上が急落してしまったのである。そこで再度、横石さんに復帰してもらうため、これまでの木の葉の販売だけではなく、上勝町の農産物全体の販売を担当する第三セクター「株式会社いろどり」が設立され、横石さんは取締役に就任することになった。

この会社は産業情報センターの役割も業務としたため、農家に配布する端末装置をファクシミリからパーソナルコンピュータ、さらにはタブレットへと発展させ、商品の出荷状況、市況情報、翌日の目標数量などの情報を配信すると同時に、それぞれの農家の毎日の売上と順位も全員に公表するようにした。その結果、農家が競争で出荷し、さらには、商品の売行きを予想して準備をするようにもなり、二〇〇〇年からは再度、実績が右肩上がりに転換するようになってきた。

最近では、木の葉ビジネスの成功の秘訣を学習するため、国内だけではなく海外からも視察が殺到し、その人数は年間四〇〇〇人以上になっている。当然、真似をする組織も登場しているが、「株式会社いろどり」の売上が圧倒的である。最大の理由は会員の女性に「ヨコ様」と慕われる横石さんと山村の人々との濃密な結束であるが、それ以外にも機会は平等ではあるが努力に比例して収入が増加する競争の原理を反映した制度も効果を発揮している。

**写真 15・2**　元気に仕事をする高齢者（写真提供：（株）いろどり）

　実際の業務の様子を紹介すると、午前八時に受注が解禁になるので、それ以前から端末装置を上勝情報ネットワークに接続して注文状況を一覧し、自分で出荷したい注文を選定しておく。八時になった瞬間に「確定」を入力すると、最初に入力した端末装置に「成功」と表示される。独占を排除する規則も制定されている。高齢だからという心配はなく、手慣れた作業である。そこから森林に出向いて受注した木の葉を採集して梱包し発送の手続をする（写真15・2）。

## 日本の構造を変革した偉業

　商売の成功ばかりが注目されるが、それ以上の重要な効果がある。一人あたり高齢者医療費の減少である。二〇〇六年の数字では徳島県の平均が年間八二万円であるのに上勝町は六三万円と大幅に少額である（図15・2）。仕事が多忙で病気になる時間がないという冗談のような現実である。都道府県単位で比較しても、

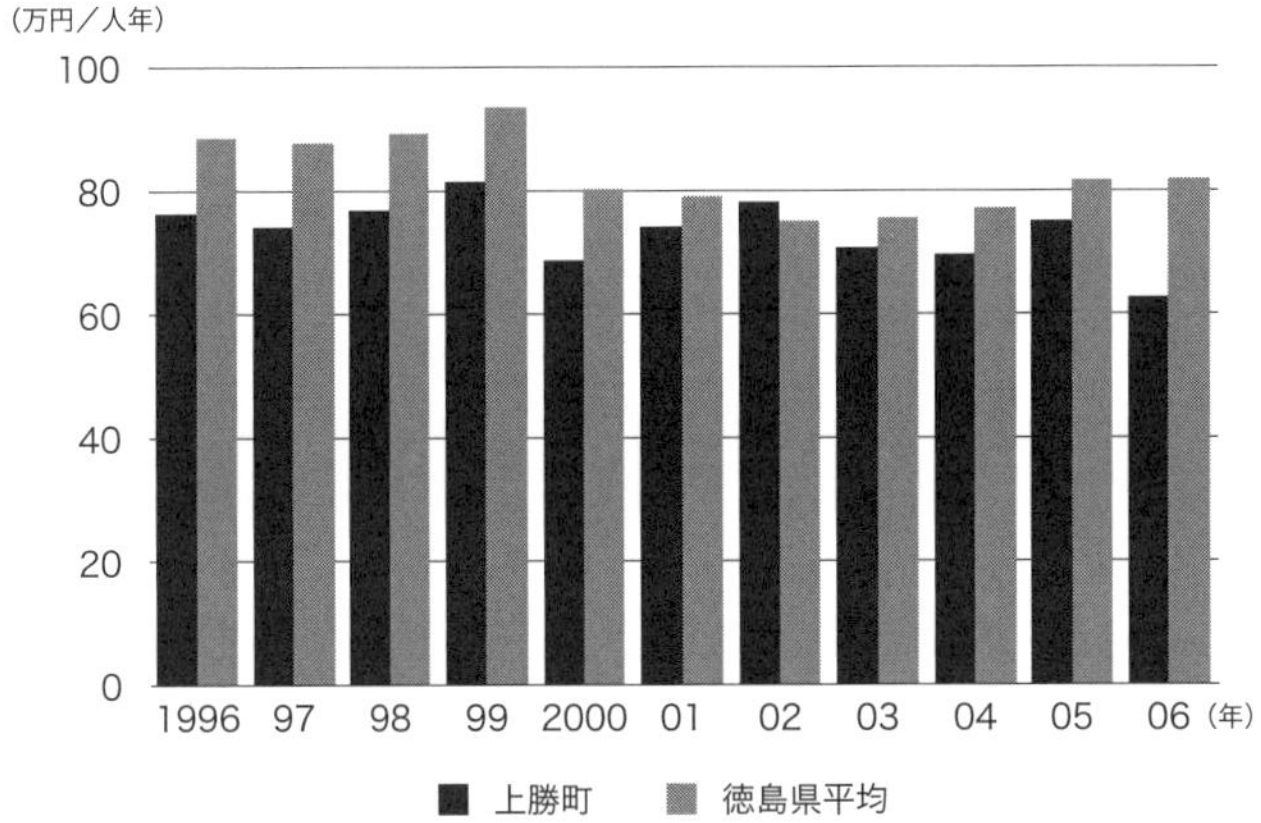


**図 15・2　老人医療費の推移**

出典：横石知二『生涯現役社会のつくり方』（ソフトバンク新書 095 2009 年）より作成

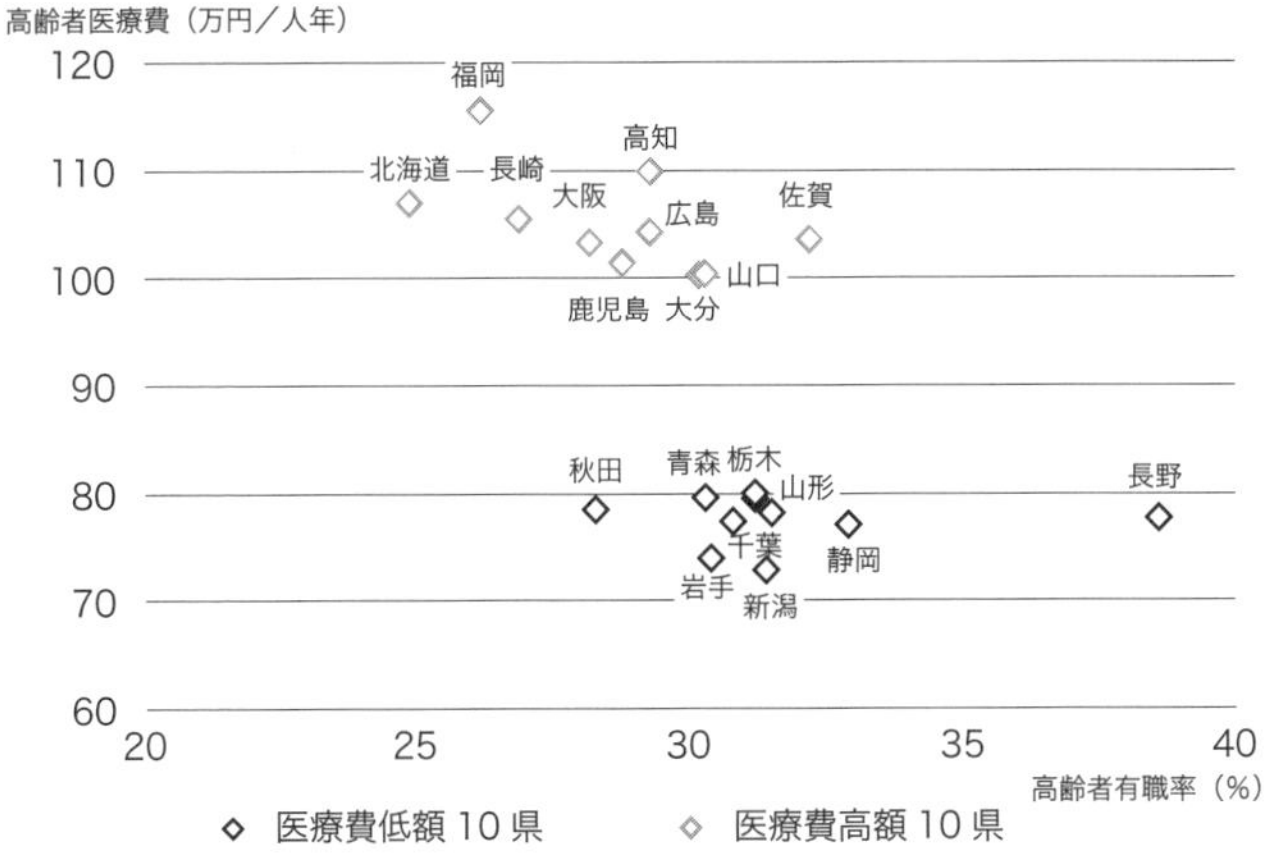


**図 15・3　高齢者の医療費と有職率（2012 年）**

出典：厚生労働省保健局「後期高齢者医療費事業年報」／総務相統計局「就業構造基本調査」より作成

高齢者の有職率と一人あたり医療費は反比例しており、有業率三九％で最高の長野県は医療費が七八万円である一方、医療費が一一六万円で最高の福岡県の有業率は二六％である（図15・3）。

政府は国民医療費が二〇一五年の四二兆円から二五年には五四兆円になり、そのうち後期高齢者医療費は一五兆円から二四兆円になると警告し、後期高齢者の保険料率を高率にするという政策さえ検討しはじめている。しかし、全国の一人あたり年間医療費が上勝町と同一水準になれば、二兆六〇〇〇億円の減少になる。これは一五年の後期高齢者医療費の一七％に相当し、しかも多数の人々が老後を意欲十分で健康に生活できることになる。

さらに世界と比較して日本の課題とされるのが女性の活躍が十分ではないということである。女性の国会議員の比率は北欧諸国が四〇％以上であるのに日本は八％程度で世界の一六三位、企業の重役比率も北欧諸国が三〇％前後であるのに日本は一％程度でしかない。そして男性との賃金格差を北欧諸国と比較すると二〇％近くの大差がある。それらを総合して世界経済フォーラムが発表している男女格差指数では世界の一一一位という後進国になっている（図15・4）。

しかし「株式会社いろどり」の二〇〇人ほどの会員は大半が高齢の女性であり、平均すれば一人の年収は約一三〇万円であるが、実働している会員で割算すると約三〇〇万円になり、最高は年収一〇〇〇万円にもなっている。これは高齢の女性が活躍して高額の収入があるだけではなく、このような仕事が寒村に登場したことによって、都会に出ていた子や孫が故郷に戻って四世代世帯が増え、直近の五年間だけで二八九名が移住してきている。横石さんの名言「年金より年収」が重要なのである。

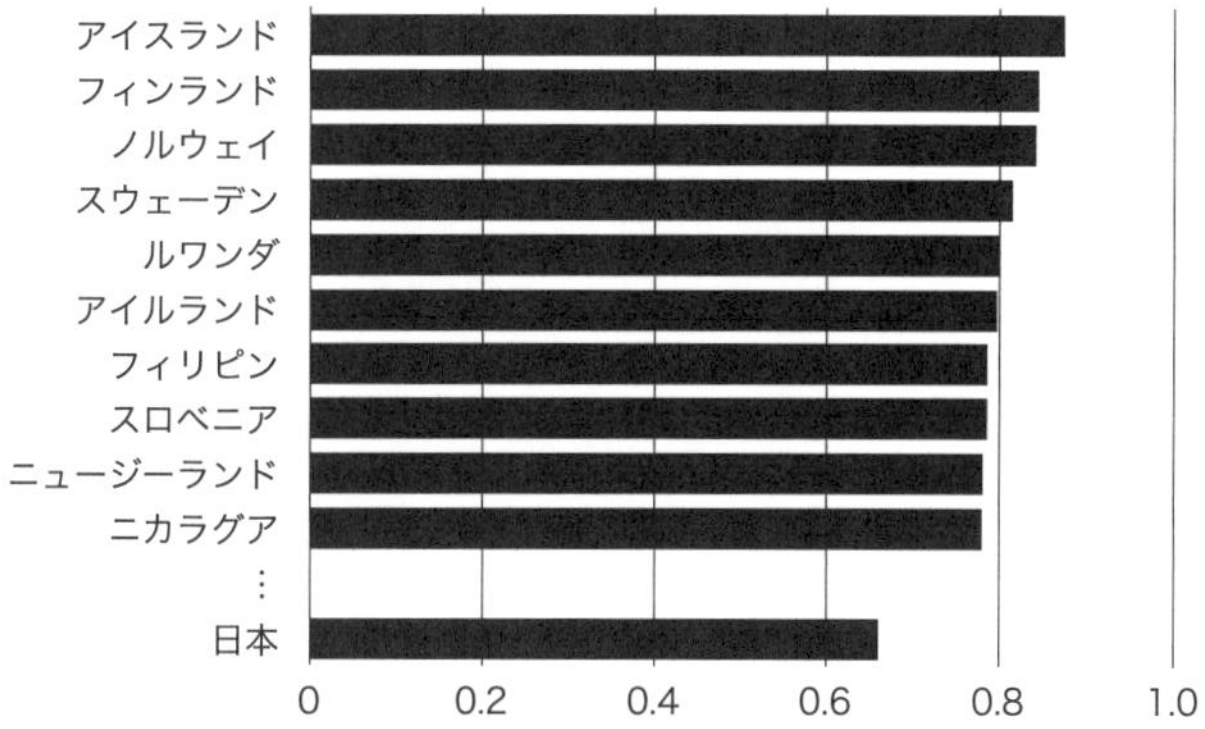


**図 15・4** 男女格差指数（2016 年）

出典：World Economic Forum「The Global Gender Gap Report 2016」より作成

これらの数字を紹介すると、横石さんが年間五〇〇〇時間の勤務という過労による心臓麻痺で九死に一生の危機に直面しながらも誕生させた仕組は、山村ならどこにでもある木の葉を資源にしただけではなく、日本が直面している少子社会、高齢社会、医療保健、年金不足、男女格差、地域格差などの課題に、政府の政策とは根底から相違する解決を提示した偉業だということが理解できる。それはさらに環境問題の解決にも発展している。

上勝町は「ごみゼロ社会」を宣言していることでも話題になっている地域である。町内にはゴミ収集車もゴミ焼却所もなく、一ケ所にしかないゴミステーションに住民が三四種類に分類したゴミを持込み、ステーションで、さらに六〇種類に細分してリサイクル業者に販売し、町の収入にもなっている。このような面倒な作業が実現可能なのは町全体に一体感が醸成されているからで、その契機となったのが木の葉ビジネスなのである。

森林大国日本では巨大都市でもなければ全国どこにでも

木の葉という資源は存在するし、上勝町と同様の高齢化率の過疎地域も全国どこにでも存在する。ところが、上勝町には国内からだけではなく外国からも視察や研修で多数の人々が訪問してくるが、後追いで「株式会社いろどり」のような成功をする企業は登場しない。最大の相違は横石さんのような並外れた意思と情熱をもった人物が存在しないということである。反対に、そのような人物が存在すれば、未知の資源は地域にいくらでもあることになる。

# 第16章　医療転換
## ——長寿立県を実現した地域「長野県」

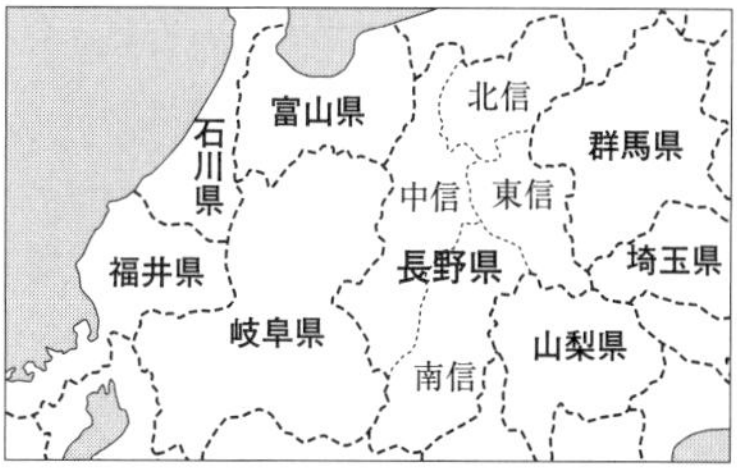


### 日本の将来の暗雲・高齢社会

現在の日本は世界一の長寿国である。終戦直後の一九五〇年には生活環境が劣悪であったことも影響し、先進諸国の男性の平均寿命が六〇歳台中頃であったのに比較して、日本は一〇歳近く短期の五〇歳台後半であり、女性も七〇歳台前半の先進諸国に比較して六〇歳台前半という大差であった。しかし、それ以後は急速に寿命が延長し、七〇年代中頃には男女とも先進諸国と同等になり、八〇年代中頃には男女とも世界の首位に到達した。

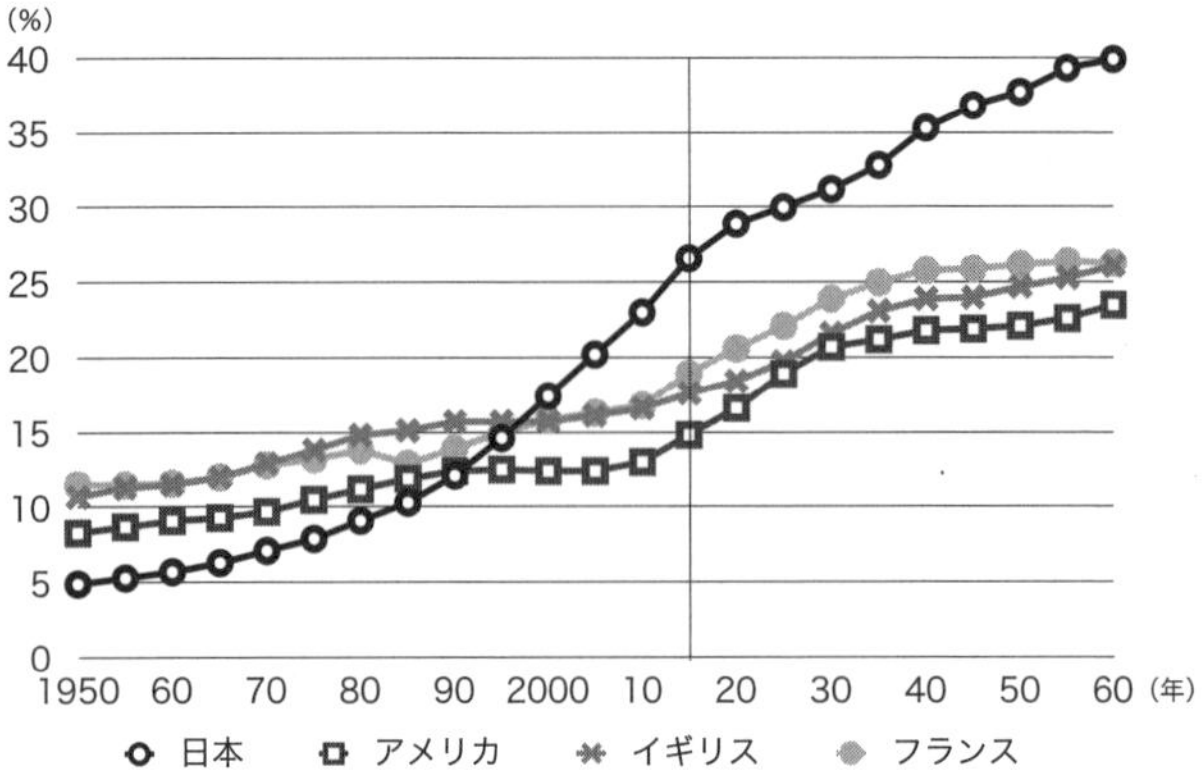


**図16・1**　65歳以上人口比率
出典：UN「World Population Prospects 2015」より作成

この長寿の影響により人口の高齢者比率が増大していく。先進諸国の六五歳以上の人口比率が一〇%前後であった一九五〇年に日本は五%であったが、九〇年代になると先進諸国と同等の一五%になり、ここから一気に増大し、二〇〇五年には二〇%を突破して世界の首位になった。このまま推移すれば六〇年には先進諸国の高齢者比率の平均は二五%前後になるが、日本は四〇%に到達すると予測されている。国民の五人に二人が六五歳以上という超高齢国家になるのである（図16・1）。

　これは生活水準と医療水準が向上したことを反映しているが、男女とも結婚しない若者の比率が増加していることと、女性が生涯に出産する子供の人数を意味する合計特殊出生率が低下していることも影響している。一九五〇年には、二〇歳台後半の男性の未婚率は三四%であったが、急速に増加して二〇一五年には七三%になり、女性についても一五%から六一%に増加している。三〇歳台前半についても、男性が八%から四七%、女性が六%から三五%へと

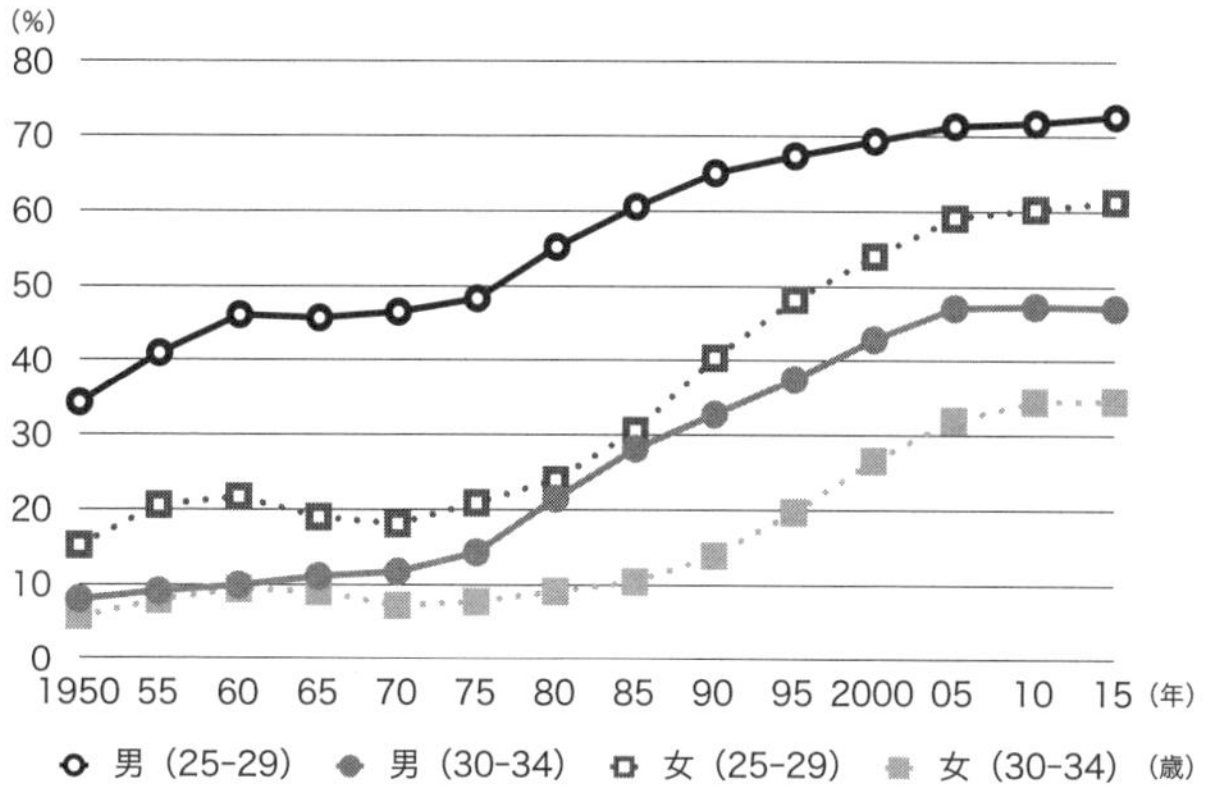


**図16・2** 年齢別未婚率(日本)
出典:国勢調査により作成

変化している(図16・2)。

その結果、合計特殊出生率も一九五〇年の三・六五から次第に減少し、五九年には人口を維持するのに必要とされる二・〇六を下回って二・〇四まで低下した。それ以後も続落し、二〇〇五年には一・二六ショックという言葉が誕生するほどの数字になり、それを最低として多少は回復しているものの一・四〇前後を推移している。世界各国と比較すると、アフリカの多産多死の発展途上諸国では五・〇〇以上の国が二〇ケ国程度存在するが、先進諸国でも高率の国家はある。

二〇一五年の数値では、フランスが一・九六、スウェーデンが一・八五、イギリスが一・八〇、アメリカが一・八四などと、日本の一・四三を大幅に上回っている。しかも一九八〇年代中頃には日本も一・八〇前後であったから、日本のみがひたすら低下してきたということになる(図16・3)。この状態が継続すれば、六〇年には人口が現在の七〇%の八七〇〇万人程度に減少し、前述のように高齢

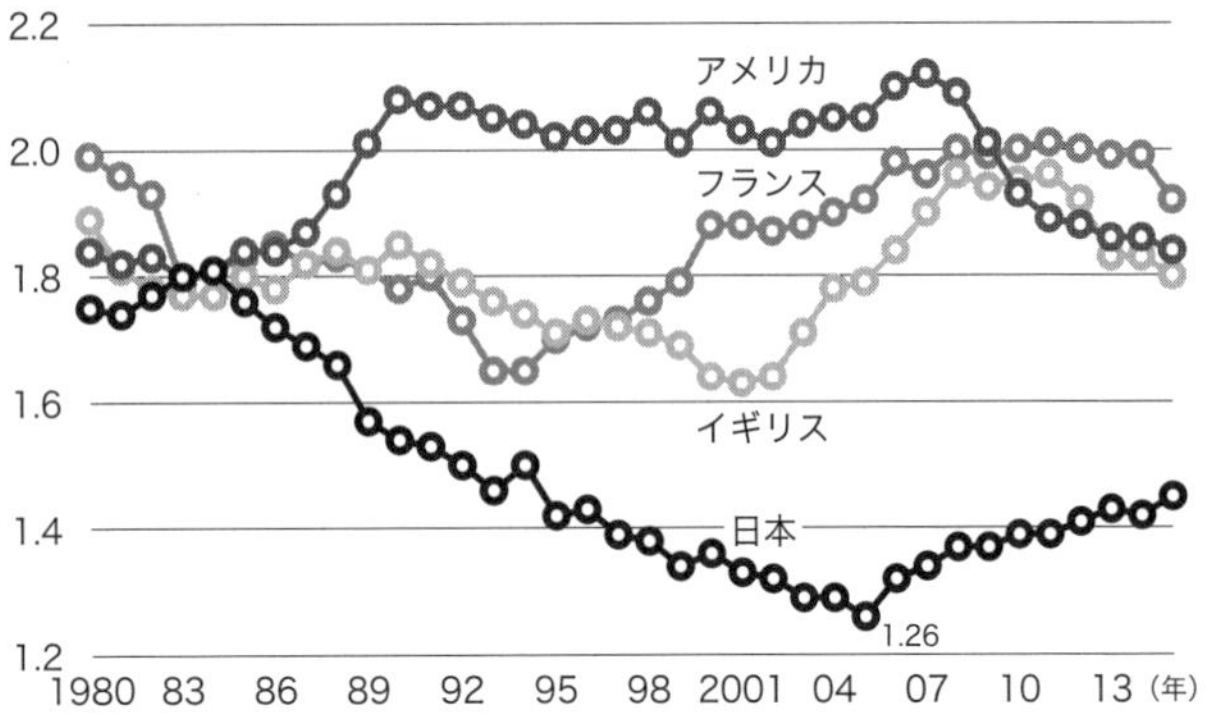


**図16・3**　合計特殊出生率

出典：国立社会保障・人口問題研究所「人口統計資料集」により作成

者比率は四〇％に到達する。

## 国家財政を圧迫する医療費の急増

この状況は医療費に影響する。国民医療費の総額は一九八五年の一六兆円から九五年には二七兆円、二〇〇五年には三三兆円、一五年には四二兆円と毎年平均三・三％の比率で増加してきた。しかし、人口の増加とともに医療費は増加するので、一人あたりの年間医療費を計算してみると、一九八五年の一三万円から九五年には二一万円、二〇〇五年には二六万円、一五年には三三万円と増加しており、こちらは毎年三・一％の増加であるから、多少は抑制されているものの増加の一途である（図16・4）。

全額を個人が負担するのであれば個人の問題であるが、これは国家全体の運営に重荷になっていく。まず国家の経済規模である国内総生産の何％が国民医療費になるかを計算してみると、一九八五年には四・九％であったが、以後一〇年毎に五・三％、六・六％、七・八％と増加している。これも四

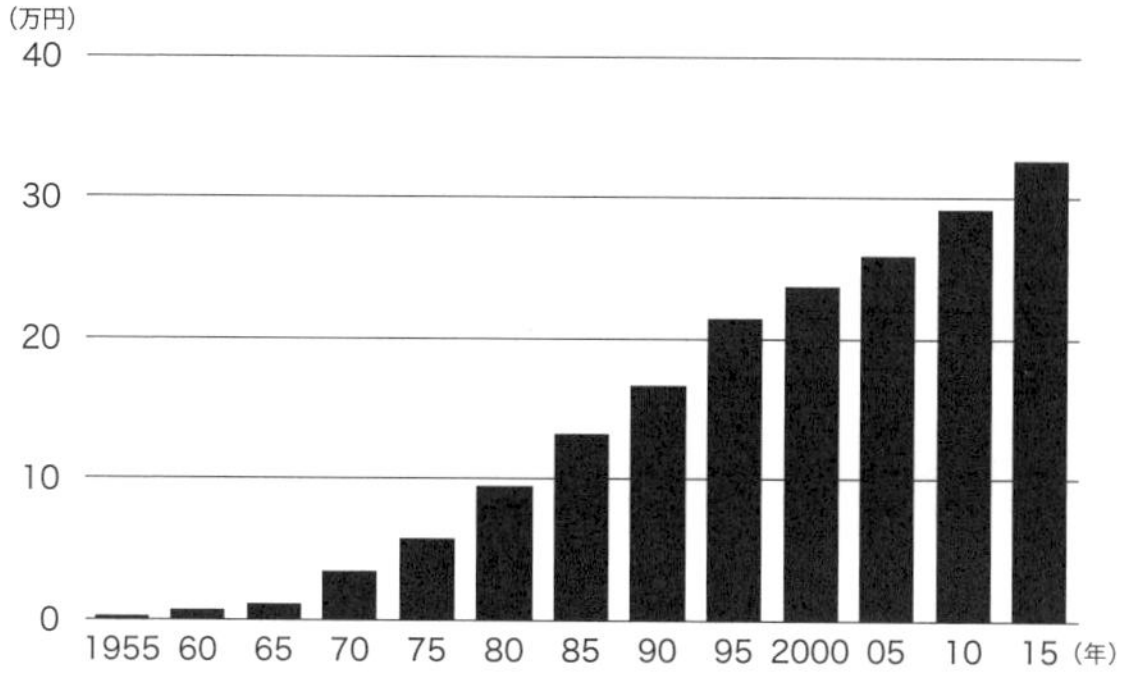


**図 16・4**　一人あたり国民医療費
出典：厚生労働省「国民医療費の概要」より作成

二兆円の経済活動、もしくは社会を維持するための必要経費と理解することもできるが、一般には社会の負担である。

一九五八年の国民健康保険法により、日本は世界でも優秀な国民皆保険制度を実施している。その医療費は三割が自己負担、七割は国民や企業の納入する保険料から支払う仕組であるが、不足する金額は一般会計から補填するため、政府の財政の重荷になっていく。政府の一般会計歳出のうち、医療、年金、介護、福祉などの社会保障費の比率は二〇一五年に三三％であるが、一二％は医療分野であり、それ以外の年金、介護、福祉も高齢社会になるほど負担は増加していく。

政府の予測では、二〇一五年に四二兆円であった国民医療費は一〇年後の二五年には五四兆円に増加し、国民総生産が年率一・八％で増加して六〇〇兆円になったとしても、国民医療費の比率は八・九％になる。そして課題になるのが一人あたりでは高額になる七五歳以上の後期高齢者の医療費である。二〇一五年には国民一人の平均では三三万円であるが、七五歳未満の国民の一人あたり医療費は年間二二万円である一方、七五歳以

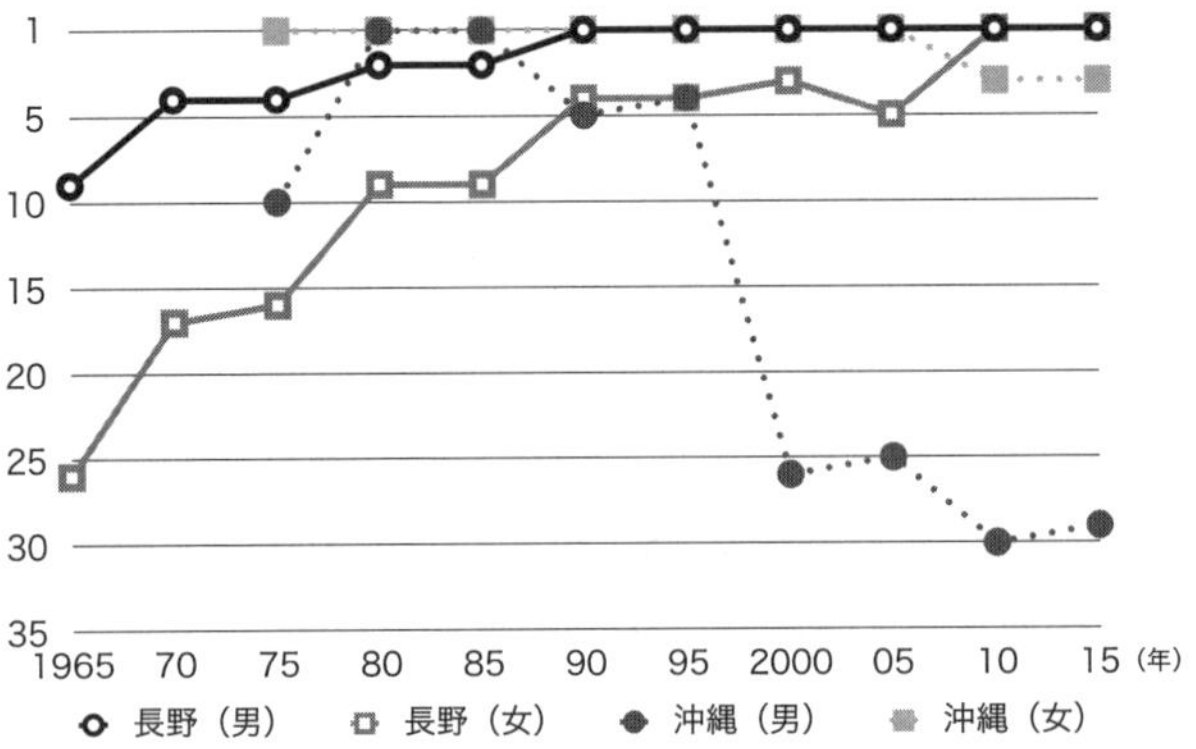


**図16・5　平均寿命順位**
出典：厚生労働省「都道府県別生命表」より作成

上では九五万円と四・三倍にもなっている。

## 平均寿命より重要な健康寿命

このような寿命と医療の関係で、日本の手本となるのが長野県である。まず長野県の平均寿命の順位は、男性の場合、一九六五年の九位から七〇年に四位、八〇年に二位と上昇し、九〇年に一位になって以後、一位を維持している。女性はさらに劇的で、六五年の二六位から、七五年に一六位、八五年に九位、九五年に四位と上昇し、二〇〇五年には僅差で一時は五位になったが、一〇年以後は一位を維持している（図16・5）。

地域の健康水準を表示する「年齢調整死亡率」という数字がある。地域の年間の死亡数を総人口で割算した死亡率が同率の二地域があるとして、一方は高齢者が多く、他方は高齢者が少ないとすれば、同率でも内容が相違する。そこで五歳階級ごとの死亡率に、その階級の人口を掛算した数字の合計を計算し、それぞれの人口総数で割算すれば、人口構成を反映した数字になり、数字が小さいほど県民が健康であることを表現しているという数値になる。

この数字を計算すると、日本全体の数字が年毎に減少し、健康状態が改善されていることを証明しているが、長野県についても、男性は一九六〇年から五年ごとに二五位、二八位、一四位、九位、三位、二位と上昇し、一九九〇年からは一位を維持しているし、女性も三四位、四一位、三三位、二四位、一七位、一一位、三位、三位、三位、二位と上昇し、二〇一〇年以後は一位になっている。平均寿命の順位の上昇と同一の傾向であり、長野は躍進しているのである。

その一方、長野県の一人あたり医療費は二〇〇五年には四七位で全国最小、〇八年には三五位、一一年にも三五位、一四年には四二位となっており、一四年の場合、最高の福岡県は一一八万円であるが、長野県はその七〇％の八〇万円でしかない。費用が高額になる七五歳以上の後期高齢者の医療費についても、長野県は高額の順番で〇八年には四五位、一一年には四四位、一三年には四三位と低額であり、もっとも高額の福岡県の六八％でしかない。

## 長野が長寿立県を実現した背景

寿命が長期であるにもかかわらず医療費が低額である理由はいくつか推定される。まず医療体制が整備されていることである。長野県は全国四位の面積をもつ県域が山岳で分断されているため、地域は長野や須坂を拠点とする「北信」、松本や塩尻を拠点とする「中信」、上田や小諸を拠点とする「東信」、飯田や諏訪を拠点とする「南信」に分割されてきた。そのため医療機関が地域ごとに整備され、どこに生活していても一定水準以上の医療を受診できる体制が存在している。

イギリスの医療体制にはホームドクター制度がある。自宅付近の医師をホームドクターとして登録しておき、体調などが不調のときに、最初から病院に出掛けるのではなく、ホームドクターに相談し、必要な場合には紹介によって病院で診断や治療をしてもらう制度である。その場合の費用は国民医療サービスから支払われ、ほぼ無料であるが、直接、病院で診察や治療を依頼すると全額自己負担になる。日本でも大規模の病院へ患者が集中する状態を緩和する目的で導入の気運がある。

ところが長野県では、そのような制度が一部の地域に以前から存在し、住民全員の健康台帳が作成され、定期健康診断や健康管理を実施してきた。有名な事例は、現在では合併して佐久穂町の一部となっている八千穂村と佐久総合病院との関係である。病院が村民全員の健康手帳を作成し、病院の医師が巡回して定期検診をして健康指導などをしてきた結果、村民一人あたりの医療費が全国水準を大幅に下回るようになっている。

同様に須坂市では戦後の一九四五年から保健指導員が配備され、自分で自身の健康を維持する知識を教育して自分で健康管理をする仕組が誕生した。また結核が深刻な病気であった一九五八年からは結核予防を普及させる活動を開始し、それが全県に浸透してきた。さらに六七年からは食事の内容を健康に留意した内容にするため食生活改善推進協議会が設置され、栄養調査を実施して食事の内容を改善し現在ではほぼ県内全市町村に仕組が普及している。

それ以外にも県庁が中心になって、県民健康・栄養調査を三年に一回実施し、その結果を反映させた「県民減塩運動」「健康づくりやまびこ運動」などを展開し、県民の健康についての意識を向上させてきた結果が平均寿命の延長に結実してきた。比較するのは失礼であるが、沖縄県の男性は一九八五年には全国一位であったが、九五年には四位、二〇〇五年には二五位、一三年には二九位と急落している（図16・5）。これは肉食が普及して生活習慣病が増加した結果とされている。

さらに重要な要因は高齢者就業率である。前章でも一部を紹介したが、長野県の六五歳以上の男性の就業率は二〇〇七年が四二％で一位、一二年も三九％で一位である。女性についても長野県は二〇％と一九％で両年とも一位になっている。一方、沖縄県は男性が二五％と二三％で両年とも四七位、女性は二〇〇七年が一二％で四三位、一二年が一〇％で四七位となっている。それを反映して一二年の後期高齢者の医療費は沖縄県が高額の順番で全国一二位である一方、長野県は四三位である。

地方都市の病院の待合室で、今日は高齢の＊＊さんが来院しないから体調が不調なのではないかと仲間が心配するという冗談がある。病院が時間に余裕のある老人の集会施設になっているということである。しかし、日本は人口総数が減少していくとともに労働者数も減少していくから、その解決のためにも高齢者は可能であれば就業し、労働人口不足を解決するとともに、医療費を削減していくことは重要である。急速に平均寿命を増大させてきた長野県の取組は全国の参考とすべきである。

# 終章　日本を浮上させる「地上の星」

本文で紹介した一六の事例には共通した特徴がある。第一は中央政府の枠組にも地方政府の政策にも関係なく、独自の発想で実施した事業が成功していることである。戦後、日本では新産業都市、テクノポリス、オフィスアルカディアなど全国を対象にした地域開発政策が何度も立案されている。特定の目標を設定し、政府が候補地域を選定して推進した政策である。一部に成功した事例も存在するが、数多くは目的を達成できず、目的を変更するか計画を中止して終了している。

失敗した一例を紹介する。二〇〇四年に国際会議観光都市という政策が実施され、全国の五二都市が指定された。国際会議を開催できる立派な施設が各地に建設されたが大半は目的を達成できなかった。

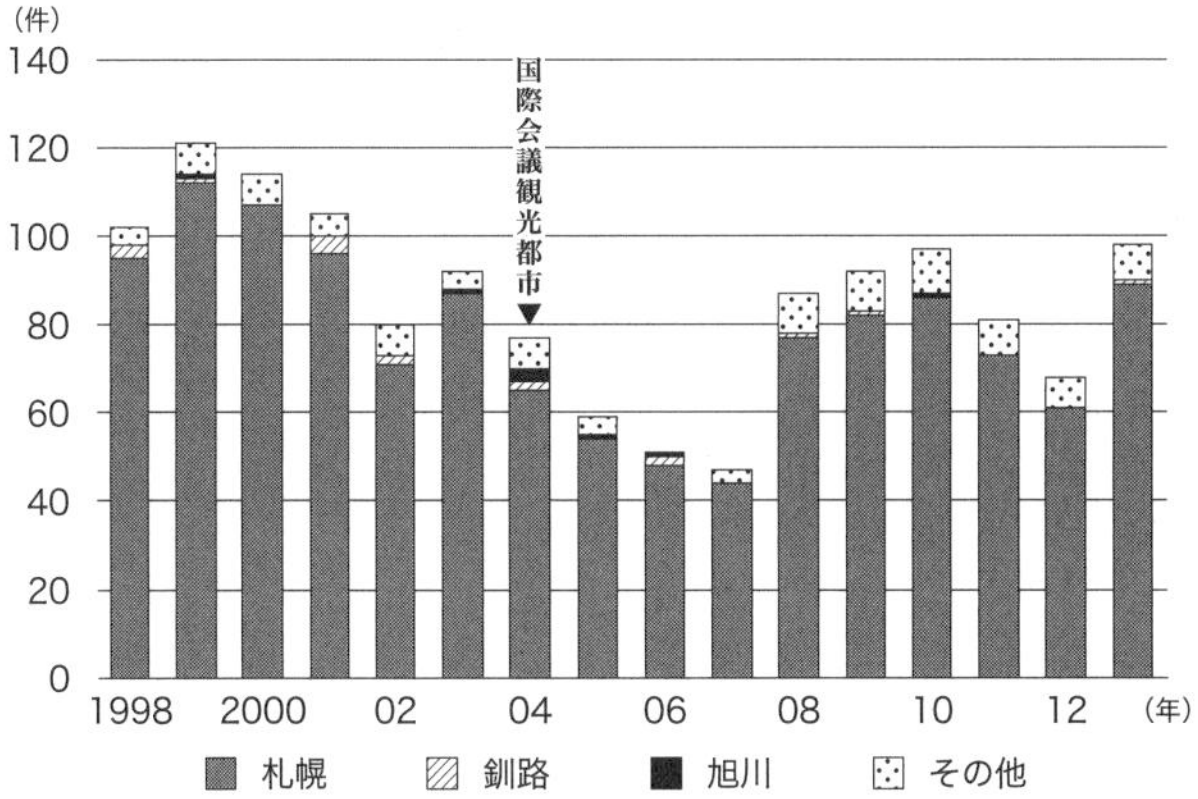


**図17・1　北海道の国際会議開催件数**
出典：「国内都市別国際会議開催件数一覧」より作成

北海道では札幌、釧路、旭川が指定されたが、〇四年から一〇年間で開催された国際会議の累計回数は、札幌こそ六八〇回であるが、釧路は七回、旭川は六回である。札幌は成功のようであるが、指定以前のほうが多数であった（図17・1）。

この理由は明確である。日本で一九九八年には一一二八回の国際会議が開催され、以後、毎年平均六・八％の比率で増加し、会議への参加者数も年率八・九％で増加していた。そこで政府の役人は国際会議を地域発展の手段にしようと構想し、制度を策定した。それ以後、国際会議回数は年率四・八％、参加者数は三・一％で増加はしたが、以前よりも低率であるうえ、受皿は五二都市になっているから争奪合戦になり、釧路や旭川のような都市が大半という結果になった（図17・2）。

その一方、地域では徒手空拳とでも表現できるような体制で事業を開始する個人や団体が登場するが、自分の人生や資金もかかっているから必死の覚悟である。それ

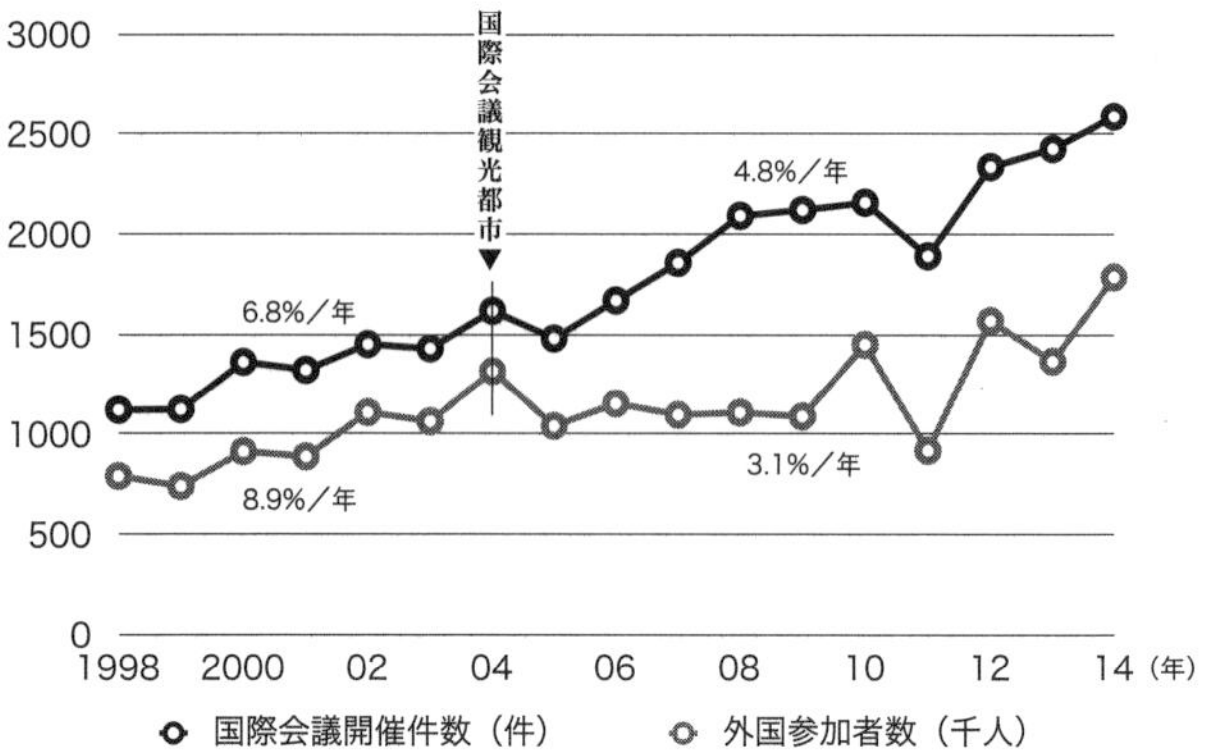


**図 17・2**　国際会議開催件数と外国参加者数
出典：日本政府観光局「国際会議統計」より作成

らの人々は地域で生活し、細部まで実態を熟知しているとともに、地域への愛着が根底に存在する。そして第15章で紹介した「株式会社いろどり」の横石知二さんのように年間五〇〇〇時間も勤務し、心臓麻痺で九死に一生の経験をするほどの情熱を傾注するから、成功の確率が高率になる。この情熱が重要なのである。

世間の流行に追従しないことも重要である。努力して歴史遺産や自然環境が世界遺産に登録されても、地域が期待する観光客数の増加にならない場合が多数あることは本文で紹介したので、テーマパークの事例を紹介する。一九八三年に東京ディズニーランドが開園し、人気が沸騰したため、それを真似して全国各地にテーマパークが乱立しはじめた。しかし大半が長続きせず、開園から三年で閉園する施設まで登場し、死屍累々となった（図17・3）。

アメリカのディズニーランドは計画時点からテレビジョンで「ディズニーランド」という紹介番組を放送し、入念な準備をして一九五五年に開園した。その三〇年近い経験

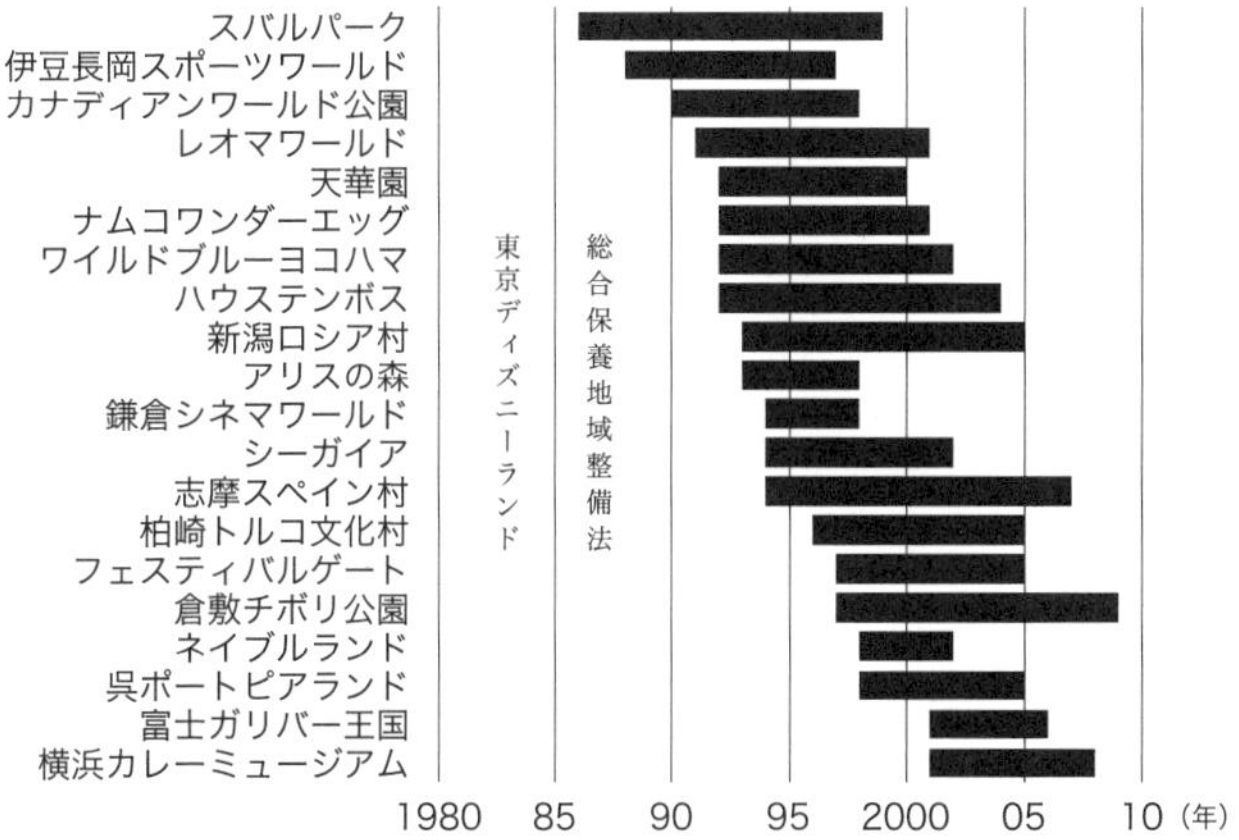


**図 17・3**　短命なテーマパーク
出典：各種資料より作成

の蓄積を背景に建設されたのが東京ディズニーランドであり、一八〇〇億円という巨額の資金を投入して実現している。安易な計画で手頃な施設を造作しても成功するわけではない。最近、廃園になったテーマパークを見学する若者が増加しているようで、皮肉な結末になっている。

　これらの国策とでもいうべき政策の失敗に比較して、本書で紹介した事例は、空家、過疎、離島など、これまでの常識ではマイナスの価値しかないような原石を宝石に変貌させたということで共通している。それらは現在の日本全国津々浦々に存在する原石である。大半の人々には、ゴミというのは失礼にしても、関心のない無用、場合によっては迷惑な存在である。その原石に潜在する価値に気付き、必死で研磨した人々の存在が宝石に変貌させたのである。

　投資をする人々の格言となっている「人の行く裏に道あり花の山」は千利休の名句であり、多数の人々の関心が集中している圏外の分野に投資の好機があるという意味で参照されている。今回、紹介した事例は、この言葉を実行した成功事例である。しかし、名句の後半「いずれを行くも散らぬ間に行け」を実行したことも成功の理由である。実行する好機を見逃さなかったか、結果として好機に遭遇したのかはさまざまであるが、これも地域創生の重要な要件である。

最後に捨身で研磨する人間の存在が必須である。NHKが二〇〇〇年から五年間、一九一回にわたり放送した名作『プロジェクトX・挑戦者たち』は中島みゆき作詞作曲の名曲「地上の星」で開幕し、無名の人々の活躍を紹介してきた。この歌詞には地域創生の格言が充満している。「名立たるものを追って／輝くものを追って／人は氷ばかり摑む」も意味深長であるし、「地上にある星を誰も覚えていない／人は空ばかり見てる」も同様である。

この拙著で紹介した宝石も「地上の星」が存在しなければ実現しなかったものばかりである。それらの人々は「空ばかり見ず」、「名立たるものを追わず」、地域に埋没していた原石を発見し研磨して宝石に変貌させたのであるが、一部を例外として「見送られることもなく／見守られることもなく」、地域への情熱のみで努力してきた人々である。このような人々が各地に次々と登場することにより、明治維新一五〇年以後の日本が浮上してくることを期待したい。

## 著者について

月尾嘉男（つきお・よしお）

1942年生まれ。1965年東京大学工学部卒業。名古屋大学工学部教授、東京大学工学部教授、東京大学大学院新領域創成科学研究科教授、総務省総務審議官などを経て、現在、東京大学名誉教授、工学博士。全国各地でカヌーやクロスカントリースキーをしながら、19ケ所で私塾を主宰し、地域の有志とともに環境保護や地域計画に取り組む。

主要著書：『原典メディア環境　1851-2000』（共編、東京大学出版会、2001）、『日本が挑む五つのフロンティア』（光文社、2002）、『縮小文明の展望』（東京大学出版会、2003）、『ヤオヨロズ　日本の潜在力』（講談社＋α新書、2004）、『イラスト図解　地球共生』（講談社、2006）、『先住民族の叡智』（遊行社、2013）、『IT社会とコミュニケーション』（NHK出版、2014）、『日本が世界地図から消滅しないための戦略』（致知出版社、2015）、『幸福実感社会への転進』（モラロジー研究所、2017）他多数。

転換日本
地域創成の展望

2017年12月15日　初　版

[検印廃止]

著　者　月尾嘉男《つきおよしお》

発行所　一般財団法人　東京大学出版会

代表者　吉見俊哉

153-0041 東京都目黒区駒場4-5-29
http://www.utp.or.jp/
電話 03-6407-1069　Fax 03-6407-1991
振替 00160-6-59964

印刷所　株式会社三陽社
製本所　牧製本印刷株式会社


ISBN 978-4-13-053026-2　Printed in Japan

## 縮小文明の展望
千年の彼方を目指して

月尾嘉男著

四六判・280頁・本体2400円＋税

人口の爆発、資源の枯渇、文化の消滅……環境の限界により、人類は存亡の危機に直面しつつある。それを救う鍵は「縮小」と「情報」だ。人類は、いま何をなすべきか？　これからの時代における、人類の指針となる環境の文明論。

**【目次】**